交渉のプロ・国際弁護士が教える

実践 英語交渉術

中山 達樹
Nakayama Tatsuki

はじめに

私は国際弁護士として、日常的に英語が必要な環境にいます。しかも職業柄、交渉することが仕事ですし、英語を母国語とする外国人が交渉相手です。そんな外国人と対等に話し、ときには説得し納得させます。なかなかタフな場面もありますが、20年近くこの仕事を続けています。

そんな私も、最初から流暢な英会話ができていたわけではありません。私は帰国子女でもなく、多くの日本人と同様、英語に対するコンプレックスを持ち、いろんな失敗を重ね、その度に学んで今に至っています。

このように私は、まさに実践から多くを学んできました。そんな自分だからこそ、英語交渉力を上げるテクニックやノウハウを皆さんにお伝えできると思います。

本書では、「英語交渉力」を向上させるために、「英語力」と「交渉力」に分けてお伝えします。6割くらいは「英語力」そのものに重点をおいています。主に最後の方で、残り4割の「交渉力」についてお伝えします。また、英語や交渉そのものに対する「考え方」も各所に散りばめています。

本書を手に取る方で、英語に対するコンプレックスを持っていない方はいません。それどころか、日本人で英語に対するコンプレックスを持っていない人はいません。そんなコンプレックスを持つ日本人のために、ハードルを上げずに、わかりやすく「現場の英語」の息吹をお伝えします。

そもそも、どんなに勉強しても、日本人である以上、英語に対するコンプレックスを完全になくすことはできません。そこで本書では、コンプレックスを持ちながら

①どうやって（どのような心構えで）英語を使っていくか
②どうやって英語を勉強していくか

の２つに重きをおいてお伝えします。

端的には、「英語に対するコンプレックスをなくそう」と思うこと自体、不可能です。いくら勉強しても、母国語でない以上、英語に対するコンプレックスはなくなりません。ですから、英語に対しては「開き直り」が必要です。特に、交渉の現場では、「開き直り」がないと気持ちで負けてしまいます。

とはいえ、「開き直り」にもコツがあります。単に精神論で強気で行くのではありません。本書では、どのようなコツ・ポイントで交渉していくかを丁寧にお伝えします。

また、本書では、「話す」「書く」のアウトプットを中心としてお伝えします。英語には、このアウトプット以外の「読む」「聞く」のインプットの能力も必要です。ただ、インプットは、結局は「量」で決まる部分が多いです。そのため、一冊の本を読んだどころで飛躍的に向上させることは難しいです。

「読む」ときには、やはり大学受験までに学んだ文法知識

が大事です。そのような文法の詳細については、他の本に譲ります。

また、「聞く」も同様で、例えばＬとＲを聞き取れるようになるには時間と訓練が必要です。ただ、本書では、おすすめの「暗唱構文」を紹介します。これは、大学受験レベルに必要な文法理解を網羅したものです。この暗唱構文をしっかり暗唱すれば、実務で使える文法的な知識をほとんど身につけることができます。この点で、暗唱構文の暗唱は、インプットにも役立ちます。

さらに、暗唱構文を文字どおり何度も暗唱すれば、アウトプットにも大きく役立ちます。実務では、「考えてからしゃべる」のではなく、「考えずにしゃべる」ようになるのが理想です。そのためには、基本構文などは、やはり「暗唱」するほど繰り返し声に出しておきましょう。

さあ、英語に対するコンプレックを持ちながら、現場の実践的な英語交渉術を学びましょう。

中山国際法律事務所
代表弁護士
中山　達樹

交渉のプロ・国際弁護士が教える

実践 英語交渉術

CHAPTER 2
英語を話す

2-1 英語には「型」がある

2-2 大きく、ゆっくり、はっきり

2-3 感情を込める

2-4 おすすめ表現

CHAPTER 3
英語を書く

3-1 わかりやすく明瞭に

CHAPTER 5
英語交渉のテクニック

5-1 交渉の心構え

5-2 説得のコツ

5-3 ケーススタディ

5-4 契約交渉の極意

付録

現場で役立つ暗唱構文

さあ、ご一緒に
現場の実践的な英語交渉術を
学んでいきましょう！

CHAPTER 1

英語文化の本質を識る

まず「英語文化」を識ることからスタートです。考え方やマナーの違いなどを理解しましょう！

1-1 英語を軽蔑せよ

まず、英語に対する基本的な考え方についてお伝えします。

■日本人に足りないのはExposure！

日本人で、英語にコンプレックスを抱かない人はいないでしょう。多くの人はそれを受験英語のせいにしますが、受験英語が原因ではありません。それなりの先生に教われば、受験英語の95%は実務でも役に立ちます。

しかも今の時代、YouTubeやインターネット検索で、英語や文法の知識はとてもわかり易く入手できます。ですから、「いい先生に教わっていない」ことを責任転嫁することもよくありません。本当にやる気があれば、いくらでもいい情報はインターネット上に溢れています。実際、私も、難しい文法知識や単語の意味などを、今でもインターネット検索から教わることがあります。

ですから、英語が苦手な理由は「受験英語」のせいではありません。そうではなくて、**Exposure（英語に触れる機会）不足**。これが英語ができない理由です。

もし、スマホのアプリにTEDが入っていなかったら、無料なので、ぜひダウンロードしてください。いろいろなテーマに分けて、数分で聴けるプレゼンやスピーチがたくさんあります。スキマ時間を使って、とにかく英語に触れる機会を意識的に作りましょう。

■毎日どのくらい英語を話していますか？

ここで質問です。皆さんは、1日24時間、朝起きてから寝るまでの間、どのぐらい英語を話していますか？

① 0–5%
② 5–20%
③ 20–50%
④ 50–100%

ほとんどの人にとって、正解は①の0–5%でしょう。思ったより少ないと思われるのではないでしょうか。外資系の会社に勤務していたり、英語の仕事をしている人でも、ほんの5％ほどしか英語を話していないのです。メール・テキストばかりで、実際に外国人と「話す」機会は案外少ないのです。このように外国人と「話す」という機会が圧倒的に足りていません。

■流暢な英語は諦める！

一つイメージしてみてください。例えば、地球の裏側のアフリカのある国で、日本やアニメ ONE PIECE が大好きだったりして、日本語を習っている方がいたとします。

その方の日本語を「上手だな」と思うかもしれません。でも仮にその人が「1日に5％しか日本語を話していない」としたら、「それだけですか」と思うでしょう。アフリカの奥地で、5％しか日本語を話していない人が流暢な日本語を話せるわけがありません。

それと同様に、私たちも一日に何千字何万字と話している中で、5％も英語を話していないのです。だから、私たちは英語が下手なのです。これは諦めてください。後で詳しく述べますが、**「ペラペラ」英語を話そうと思うこと自体が間違い**です。１日５％しかしゃべっていないのに、ペラペラしゃべれると思うことが傲慢です。

たとえば、皆さんが知っている欧米系の外国人で、一番日本語が得意な人は誰でしょうか。私の世代でしたらデイブ・スペクターさん、若い世代だとパックンさんでしょうか。彼らの日本語はとても上手ですが、やはり少しなまりがあります。

どんなに上手だとしても、母国語が日本語でなければ、完璧な日本語を話す人はいません。それと同じで、私たちも完璧なイギリス英語、アメリカ英語は話せません。日本語のなまりを完全になくすことはできません。いわんや、５％しかしゃべっていないのに、なまりはなくせません。諦めてください。まずは、諦めることからスタートしましょう 。

英語をペラペラ話すことを諦める。
ここからスタートしましょう。

■まずは英語を見下す

次に、「英語を、上から目線で見下してみよう」という話をします。英語を使う場合に、いちばん大事なのは「英語を軽蔑する」ことです。えっ！英語を学ぶ本なのに「英語を軽蔑する？」ということに面食らった方もいらっしゃるでしょう。

端的には、三単現ｓの話です。英語は、世界の共通言語です。でも、**「世界の共通言語」という機能・役割から考えると、英語は、実は間違っています。**

世界の人口は現在80億人ですが、その中で英語のネイティブは10億人程度。8人のうち7人にとっては英語は外国語なのです。彼らにとっての英語（外国語）を、世界共通言語として考えるならば、英語は簡単であるべきです。

ややこしい三単現のsは要りません。本来、あるべきではないのです。つまり、英語というのは共通言語として不完全なのです。具体例を出しましょう。

エスペラントという言語をご存知でしょうか。100年前に作られた人工言語です。「世界共通言語として簡単にしましょう」ということで作られました。この言語には、不規則動詞、英語での go - went - gone のようなものはありません。

もっと面白いのはインドネシア語です。インドネシアは東西何千キロもあって、アメリカより東西が広く、島の数は2万を超えています。そういうたくさんの島の方言の共通項、最大公約数的なものを集めて共通語を作りました。これがインドネシア語です。

驚くべきことに、インドネシア語には過去形、未来形がありません。わかりやすく英語に置き換えて説明しますと、例えば、I went there yesterday.（私は昨日そこに行きました）というように、英語では go が went という過去形になりますが、インドネシア語には過去形がないので、I go there yesterday. これがインドネシア語の過去形です。

未来形は I go there tomorrow. です。will や am going to という小難しいものはありません。なぜでしょうか。広いインドネシアだから、島が2万あるから、みんなにわかりやすいように簡単にすべきだからです。

■英語は間違えていい！

このように、わかりやすくあるべき「世界共通言語」という役割から考えたら、**エスペラントやインドネシア語の方が正しい**のです。三単現のｓがある、英語の方が誤っているのです。ですから、私たちは英語を間違えていいのです。そう開き直ってしまいましょう。

実際、私の経験では、イギリス人でもアメリカ人でも、三単現のｓをよく間違えます。香港やブリティッシュバージンアイランドなどで、イギリス人弁護士とよく仕事しますが、彼らのドラフトで、よく三単現ｓがないのを発見します。

イギリス人弁護士は、英語のプロ中のプロです。そのプロでも間違えるのです。また、ビートルズの楽曲やアーティストの英語などで、三単現ｓがないのを見かけます。あえて入れずに、砕けたスラング的に表現しているものもあります。

■間違えてもどんどんしゃべる！

ここで、私の人生のブレイクスルー＝革命的なお話をします。私はこうして英語で仕事をしていますし、20代前半では英語の先生でしたので、文法はよく知っています。それでも三単現や疑問形の語順などを間違えてしまうことがあります。

英語で話していて、「あ、間違えちゃった！」と間違いに気付いたとき、なまじ英語の教師だったもので、いつもつい言い直します。皆さんも、言い間違えに気がついたら、言い直しますよね？　でも５年ぐらい前、私にブレイクスルーがやってきました。

何かを交渉しているときに語順を違えてしまい、「しまった！」と思いましたが、でも「まぁいいや！」としゃべり続けました。40歳ぐらいのときでしたが、実は人生で初めてでした。言い間違えてもスルーして開き直ったのは。これが私の人生のブレークスルーでした。

それ以来、小さな間違いを気にせずに、話し続けるようにしました。ぜひ、皆さんにも同じようにやってほしいです。外国人が日本語を話しているとき、いちいち文法のミスを気にしませんよね。また、日本人の私たちが日本語を話すときだって、話している途中でひらめいた言葉を挿入したりして、必ずしも常に文法的に正確にしゃべっているわけではありません。ですから、間違えていいのです。間違えてもどんどんしゃべりましょう！

■日本はハイコンテクスト文化

私たちが住んでいる日本列島には、ほとんど日本人しかいません。homogeneous（同質的）であり、言わずともお互いを理解できます。そういった文化をハイコンテクスト（文化の共有性が高く、言葉以外の表現・文脈に頼るコミュニケーション方法）と言います。

要するに、言葉が少ないということです。「あうん」の呼吸とも言います。「言わなくてもわかるだろう」という文化です。

一方、世界で見るとドイツやアメリカなどはローコンテクストで、言葉で補わなければならない、話さないといけない文化です（次ページ図・参照）。

ですから、外国人（欧米人）と交渉するときには、そのギャップを埋める必要があります。具体的には、日本人と話すとき

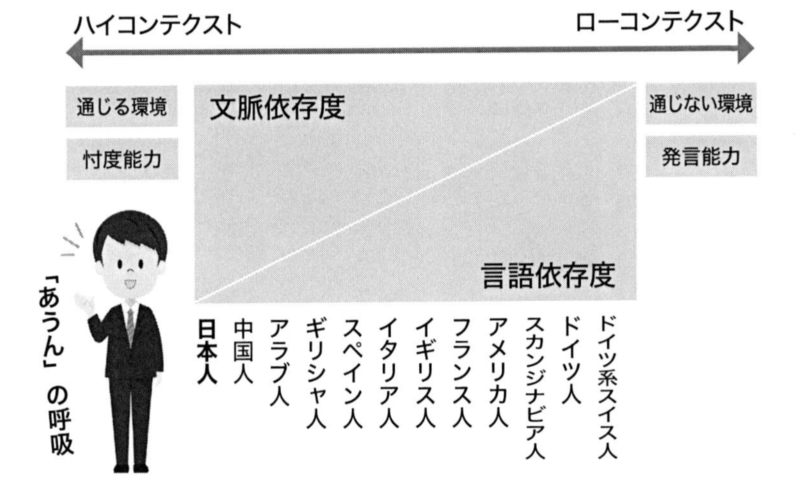

の３倍話さなければなりません。ではなぜ「3倍」なのでしょうか？

■６×６＝36の法則とは？

なぜ私たちは「３倍」しゃべるべきなのでしょうか。これは**「６×６＝36の法則」**から来ています。

ソニーの30年ほど前の会長、大賀典雄さんの言葉です。音楽家でもあり、軽井沢に音楽館を建てた方です。日本のトップビジネスマンで、世界中を飛び回り、日本で一番英語をしゃべる方でした。その大賀さんが言いました。

「日本人はどんなに頑張っても、英語を６割しか聞き取れない。また、どんなに上手にしゃべっても、６割しか理解させることができない。結局、６×６の36％しかコミュニケーションできない」

このように、私たち日本人が一生懸命コミュニケーションしても、外国人には36%、つまり約３割しか通じないのです。ですから、**１のことを伝えたかったら、その３倍の分量**をしゃべる必要があります。だから、「３倍しゃべりましょう！」というわけです。

■日米の評価軸の違い――発言は多い方が良い

日本の教育は減点法です。正解を言わなければなりません。

一方、アメリカでは加点法です。留学したことがある方はご存知と思いますが、どんどん発言する方が点数をもらえます。テストの成績で良い点を取るよりも、教室でたくさん手を挙げた人がAをもらえます。間違えていてもAです。

日本人が１回手を上げて100%正解しても、アメリカ人や中国人が10回手を上げて９回間違えた方がAなんです。これは、アメリカでは、「貢献すること」が評価につながるからです。間違ったことを発言しても、それが議論の土台になるので、教室に十分「貢献」しているからです。これが**日本とアメリカの評価軸**の違いです。

英会話も同じです。臆せずに加点法でとにかくしゃべりましょう。完璧なアクセントで話す外国人はいません。楽天の三木谷浩史さんも、ソフトバンクの孫正義さんも、完璧な英語を話すわけではありません。むしろ、どちらかといえば可愛気のある、普通の日本人が話すような英語です。ですから、文法ミスに気づいても、開き直って堂々と話し続けてください。

1-2 世界の公用語は英語ではない

世界の公用語は「英語」でしょうか。

■世界の公用語は…ロジック！

世界の公用語は、実は英語（English）ではなく poor English（拙い英語）です。英語は千差万別です。世界の8分の7の70億人が、英語を「外国語」としてしゃべっているので、どうしても「拙い」部分が残ります。

ですから、**「世界の公用語は英語ではなくロジックだ」**とまで言う人がいます。では、ロジックとは何でしょうか。ロジックというのは端的には「わかりやすい」ということです。つまり、simple & vivid です。

vivid は「ビジュアル的にパッと見てすぐにわかる」ということです。そのためには、テキストだけではなく、「ビジュアルで簡単に理解できるように、図を用意する」「ホワイトボードで書く」などの工夫が大事です。これは、後ほど具体的に説明します。

■概念・オプションを明確にする

ロジックを考える上で、三段論法というものがあります。三段論法とは、2千年以上前に古代ギリシャの哲学者であるアリストテレスが確立したもので、論理的思考やライティングなどに最適な法則とされています。

（大前提 / 定義を明確に）人は死ぬ

⬇

（小前提 / 事実認定）私は人である
⬇
（結論）私は死ぬ

大前提というのは難しいですが、ここでは「何の話をしているのか、その概念・オプションを明確にする」こととご理解ください。「オプションを明示する」こととほぼ同義です。

ですからまず交渉では、三段論法の大前提（オプション）を明確にしましょう。そして、オプションが決まったら、その**オプションに固有名詞をつけてください。**ABC、123などで結構です。ナンバリング（ネーミング）するということです。これにより、共通言語を設定するのです。

「概念やオプションを定義し、それを明確にする」。これは会議にとって最も重要です。これを決めることでリーダーシップが取れます。

私たちは英語が下手です。どんなに勉強しても英語が36%しか通じません。ならば、その足りない英語をリーダーシップで補い、イニシアティブを取り、議論をリードしていくしかありません。それが私がおすすめする交渉術の戦略、心構え、テクニックです。

例えば、私の事務所の会議室の壁は、全面がガラスボードになっています。ここにアジェンダや議論したことをすべて書いていくのですが、これが私の英語の会議の進め方です。いつも、オプションを書きながら会議を進行させます。

このように、交渉する際には大前提となる概念や選択肢を明確にしましょう。皆さんも、英語の会議で、「何の話をしているのかわからない」という経験があると思います。そんなときは、「要するにどんなオプションがあるのか」がわかっていません。

オプションを示してリーダーシップを取る。この姿勢はとても大事です。特に、英語での話は聞き取れないし、何の話をしているのかよくわからないことがあります。そういうときには、大胆にこう質問してください。

Then, what are the options?
(では、選択肢は何ですか)

私たちは、仕事でもプライベートでも、常にオプションで悩んでいます。子供の教育をどうしよう、どこに住もうか、賃貸にしようか所有にしようか、どの車にしようかなど、日々迷っています。

ですが、実は「悩んでいる」人というのは、オプションが整理できていません。オプションがないから悩んでいるのです。逆に、オプションがある人は悩まないで済みます。あとは「考える」だけだからです。**「悩み」と「考え」の違いは、オプションが整理されているかされていないか**です。

ですから、ビジネスでの私たちの交渉も、まずは、オプションを明確にすることが不可欠です。なぜ私がこれらを強調するのかというと、20年近くさまざまな企業のグローバルビジネスを拝見してきましたが、残念ながら半分ぐらいの担当者はオプションを持っていないからです。

「専務や社長に交渉するように言われたので外国に出張に来ました。あまり他のオプションは考えていません」という感じの方が多いのです。会議が行き詰まったときの次のオプションがないまま「とりあえず行ってきます」では、せっかく出張に来ても何もできなかったという事態になりかねません。

交渉の場では、常に選択肢（オプション）を念頭において議論を進めましょう。

■ロジカルな話し方

ロジカルとは要するに「わかりやすい」ことです。ここではロジカルに考え、話す方法を３つ挙げます。

1. 短く
2. 目的－手段思考（purpose-oriented)
3. 結論から答える

まず、サクっと短く話す。ダラダラと長く話すよりは、短い方がわかりやすいのは当然です。英語で説明しようとすると、つい長くなってしまいがちです。できるだけ簡潔にすることを心掛けてください。短くて要点をつかんだ説明のことを、英語で brief and to the point と言います。

また、ロジカルであるために、**目的・手段をイメージ**してください。この目的・手段思考は、つまり、「目標のための手段」のことしか考えないということです。上司の命令で、ただ「行ってきます、交渉してきます」ではなく、まずはきちんと、「獲得目標は何か、そのためには何が必要か、相手がこう出てきたらこうしよう」など、目的達成のための手段を考えてください。以下のように、「獲得目標」のための「手段」があり、その「手段」のための「主張」があり、さらにその「主張」のための「事実」があり、最後にその「事実」のための「証拠」がある…このように、交渉の世界はすべて「○○のための△△」という論理構造になっています。このピラミッドのような構造をしっかり理解することが「目的ー手段思考」です。

目的ー手段思考

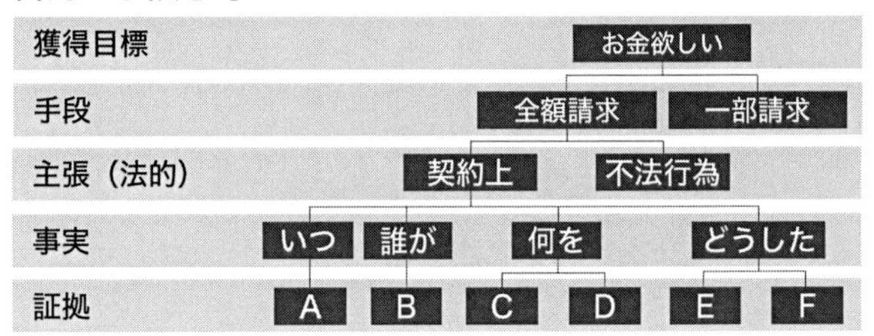

■結論から答える

日本語は結論を後に言う言語ですが、英語は結論から話します。例えば、海外の法律事務所やコンサルファームでは、結論を言った後に、Reason being… と、ちょっとカッコつけた言い方をして理由を説明します。これは文語体で、The reason of which is… の省略形です。例えば、上司のパートナーに「この事件で裁判所に訴えるのか訴えないのか、意見聞かせて欲しい」と言われたら、部下はパートナーにこう答えます。

Yes, I am gonna sue them. Reason being ….

(はい、訴えます。なぜなら…)

先に結論を言って、理由を後から述べます。留学時代に周りの弁護士が使っているのを聞いて、学びました。

1-3 国際ビジネスマナー

あまり知られていない国際ビジネスマナーを紹介します。

■握手は力強く！

第一印象はとても大事です。英語ではこう言います。

You will never have a second chance to make a first impression!

（第一印象を与える機会は、２度とめぐってこない）

そこで、第一印象をよくするコツを３つご紹介します。

1. 「力強く」握手して
2. 口角を上げて
3. 名前を連呼せよ

現在は感染症対策で機会は減りましたが、正しい「握手の仕方」を説明します。日本は握手ではなく、お辞儀の文化ですので、私たちは握手の仕方を知りません。

握手の強さは、**「中学２年生の男子が思いきり握るくらい」**が適切だと言われています。結構強いですね。

とにかく、日本人の握手は弱すぎます。男性の弱い握手を、「デッドフィッシュ」(死んだ魚) と言います。「君は死んだ魚みたいだな、やる気あるのか、弱そうだな」と思われてしまいます。そう思われないためにも、しっかりと強く握手をしましょう。

コラム 1

日本人のVampire Teeth

第一印象で、握手と同様にとても重要なのが、歯並びです。日本人と比べると、欧米人は本当に歯並びがいいです。数年前、香港の国際会議にヨーロッパから若手弁護士が集まり、中華料理のテーブルを10人が囲みました。そのときに驚いたのは、みんな歯並びがハリウッド女優みたいに綺麗だったことです。日本では、ちょっとありえない光景でした。

欧米では、歯並びは経済力の証しです。歯並びが悪いというのは、親に経済力がなかったと見られてしまいます。

日本は、欧米化していないということなのかもしれませんが、歯並びに関して寛容です。これには理由があります。1980年代の松田聖子さんです。八重歯の松田聖子さんがとても可愛らしかったせいで、「八重歯はチャームポイントだ」という印象がまだ残っているようです。今は聖子さんはきれいに矯正しているのですが…。

でも欧米では、八重歯はヴァンパイア（吸血鬼）トゥースと言って、「魔女やドラキュラみたいだ」と思われてしまいます。国際法律事務所である弊社でも、大変恐縮ですが歯並びが悪い人は採用しないことにしています。それぐらいグローバルビジネスでは**歯並びは重要**です。

歯並びは、グローバルビジネスでは重要！

■人類の笑顔の変化

私が歯並びについて強調する理由はもう一つあります。世の中の人々が、大きく口を開けて笑うようになってきているからです。

アメリカの大学の卒業アルバムの顔写真を年ごとに集めてAIで合成したものがあります。100年前の顔を見ると、全く笑っていません。写真に映るとき、昔はアメリカ人もみんな笑わなかったんです。

現在に近づくにつれて、口角が上がり、歯を見せるようになりました。日本人も、女性は写真を映るときに歯を見せる方が多いですが、男性はまだ歯を見せる人は少ないです。皆さんもぜひご自分の写真をチェックしてみてください。歯を見せていない人は、今後は**歯を見せて笑いましょう。**ちなみに、運転免許証の写真も、昔は歯を見せた笑顔を作ると担当官に「口を閉じてください」と言われましたが、最近は言われなくなってきました。

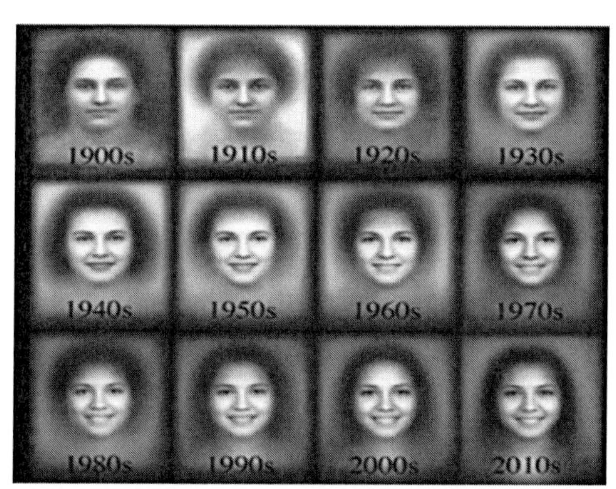

人類の笑顔の進化～アメリカの過去100年の卒業アルバム～
（出典：https://wired.jp/2015/11/26/evolution-of-smiles/）

■笑顔は西洋のマナー

笑顔を見せることは、西洋の文化といえます。これに気づかされた出来事がありました。

５年ぐらい前、バングラデシュに行きました。世界最貧国といわれるバングラデシュにはなかなか日本人弁護士は行かないようで、１日だけの出張だったのですが、友人の弁護士たちに花をもらったりしてとても歓迎されました。

そして、記念写真を撮りました。私は10年前から写真に写るときは歯を見せるようにしているのですが、私以外のバングラデシュの弁護士は誰も歯を見せていません。これもバングラデシュが西洋化していないということです。

いい悪い、進んでいる進んでいない、ということではありません。単に西洋化されているかどうかの差です。日本でも「三年片頬」といわれ、薩摩隼人が３年に１回ちょっとはにかむだけ、という言葉があったりしました。いずれにせよ、**笑顔は西洋的なマナーの一つ**と覚えておきましょう。

なお、男性の半ズボンも同様に西洋文化です。インド人やバングラデシュ人は、かたくなに半ズボンを履きません。文化的にアメリカナイズされてないからです。

バングラデシュでの記念写真（中央が著者）

■握手や笑顔や乾杯の意味は？

握手や笑顔や乾杯は、すべて「私はあなたの敵ではない」という意思表示です。

海外で、良いホテルに泊まったときのことを思い出してください。特に欧米では、エレベーターですれ違ったら、Have a nice day! と言われたり、笑顔で会釈をされたりした経験があると思います。これもマナーの一つです。

乾杯も同様です。この間、フィリピンの上院議員と乾杯したところ、「タツ、知ってるかい？ 乾杯にはこういう意味があるんだよ」と教えてくれました。乾杯は、グラスの口をつける場所をくっつけます。「このグラスに毒を塗っていない」という確認の意味があるそうです。ちなみに、西洋でよく行う握手も、「利き手に武器を持っていません」という意思表示です。

■ How are you? と聞かれて困らないためには？

皆さんは、How are you ？と聞かれて I am fine, thank you. と中学校で教わる答え方はできるとしても、それ以外に何か言えますか？

さすがに同じ返答ばかりでは芸がないので、私も 10 年以上前、シンガポール留学時代に悩みました。キャンパスで 5 分おきに How are you? と言われるのに、I am fine, thank you. としか言えなかったのです。そこで、私が編み出したのが**「先に How are you ？と言う」**という手段です。

例えば、10m ぐらい向こうから友人ルカが歩いてきたら、こちらからHow are you ？と先に言ってしまうのです。そうすると、英語が上手なルカが話し始めて、彼がしゃべっているのを聞きながら、「タツは？」と聞かれたら、どう返答するかを考えるという「時間稼ぎ」をしていました。

まず、自分からHow are you ？と言う。これが挨拶のテクニックの一つです。

自分からHow are you ？と言う。先手を打つことが大切！

■先手を打つ！

なぜこの話をしたかというと、**先手を打つという精神、つまり「プロアクティブ」な態度**が交渉すべてにおいて不可欠だからです。「必ずアジェンダを設定して、ホワイトボードに書きましょう」と前述しましたが、これが「先手を打つ」最も簡単な方法です。拙い英語を補うリーダーシップを取る工夫です。

これは、普通の会話でも同様です。英語がよく聞き取れない。相手の言っていることがわからない。みんなで話している会話についていけない。そんな経験は、日本人でしたらよくあると思いますが、わからなくて黙るのはNGです。外国人から見たら、**黙るというのは「馬鹿にしているか、馬鹿か」**のどっちかです。

沈黙は金ではありません。まず、こちらから質問しましょう。ビジネスでも、自分がよくわかることを先に質問することで、会話のリーダーシップを取ることができます。

英語を話すときには、シャイな人格を捨てて、大胆な人格に生まれ変わってください。

■日本人が知っておくべきマナー

前出したマナーのほかに、日本人が知らない、間違えやすいマナーをいくつかご紹介します。

❶日本人同士、日本語で話さない

「その場にゴルフをしない人が一人でもいれば、ゴルフの話をしない」という諺があります。私もシンガポール時代、友人がシングリッシュ（シンガポールで話されている強い訛のある英語）で話していて、それが全く理解できず、非常に肩身の狭い思いをした経験があります。

国際マナーとして、「その場に一人でも日本語のわからない人がいたら、日本語をしゃべるべきではない」と思います。邪魔者にされた、いじめられたとまでは思わなくても、日本語のわからない人は決して良い心地はしません。このように仲間外れにすることを英語ではalienate と言います。alien エイリアンという名詞から来た動詞で、「疎外する」という意味です。世界史で出てくる陶片追放（オストラキスモス）と同じ語源のostracize とも言います。

ですから、外国人と会議をしているときに、皆さんが英語担当で通訳していても、上司に説明するために**当然のように日本語をしゃべらない**でください。それは、相手方の外国人に対して失礼になります。外国人を目の前に日本語で話すと、日本人がヒソヒソ話をしている、alienateされたというネガティブな印象を外国人に与えてしまいます。

この場合、解決策は２つです。１つは上司に向かって英語で話すこと。そうは言っても、英語が理解できないから難しい。となると残るは一つしかありません。

Sorry, let me explain to my boss in Japanese.
(すみません、上司に日本語で説明させてください)

と一言断ります。ボスは英語がわからないから、説明させてほしいと言えばいいのです。

一言も言わずに、当然のように日本語を話すのはマナー違反です。そもそも相手は、上司がどのくらい英語が理解できるのかをわかっていないかもしれません。

この一言を添えるだけで、状況を理解してもらえ、「礼儀をわきまえている」という印象が与えることができます。

❷すれ違う際に口角を上げる

先ほど握手のところで触れましたが、欧米では街で歩いていても、ふと目があったらニコッとする習慣があります。「ハイ！」と言われても、咄嗟に返答できないことも多いです。でも、心の準備をしておけば会釈を返すことができるでしょう。会釈をするときは**意識的に口角を上げましょう。**これも、最初は難しいかもしれませんが、ぜひ国際人として身につけたいマナーです。

日本でも口角を上げる日本人を見ると、私は「あっ、この

人は海外滞在経験があるな」とピンとくることがあります。

❸その場にいる人は名前で呼ぶ

数年前、小泉進次郎さんが公の場で「セクシー」という砕けた英語を話したとニュースがありました。

あまり話題になりませんでしたが、そのときに小泉さんが隣にいた女性を she と呼んでいました。しかし、これは失礼に当たります。英語では、**その場にいる人を三人称の he や she では呼びません。**その場にいる人は、その人の名前で呼ぶのがマナーです。

❹目を見て話す

欧米人と話をしていて、印象深いのは、しっかりと相手の目を見て話すということです。これも日本にはない文化ですので、相手にじっと見られると視線を逸らせたり、視線をグルグルと動かしたりしてしまう人がいます。

しかし、これもマナー違反です。その上、自信がない人だと思われて、信頼感も薄れ、ラポールを築きにくくなります。できるだけ相手の目を見て話す訓練をしましょう。

❺下手に謙遜しない

日本は謙遜の文化です。自分を下げることによって相手を敬う文化があります。しかし、これは欧米では通用しません。例えば、贈り物をするときに、日本では「粗品ですが」と言って渡すのが礼儀の一種になっています。でも欧米でこれをやったら、「粗品を贈るなんて馬鹿にしているのか」と思われてしまいます。

また、「自分は大した人間ではありませんが」などと言うとそのままの意味で取られてしまい、ではなぜ来たのか？と思われることもあります。

自分を卑下する表現は、それが笑いのネタにならない限り、良い印象にはなりません。日本人は、少しハッタリを利かせるくらいがちょうどいいかもしれません。

国際人のマナー
ここがポイントです！

日本人が知らない
間違えやすいマナーには要注意！

❶日本人同士、日本語で話さない
❷すれ違う際に口角を上げる
❸その場にいる人は名前で呼ぶ
❹目を見て話す
❺下手に謙遜しない

CHAPTER 2
英語を話す

英語を話すとき、どんなことが必要なのでしょうか。基本的なマナーから、実践的な表現方法までを紹介します。

2-1 英語には「型」がある

ここからは「話す」についてお伝えします。

■メラビアンの法則

英語を話す際には、言語的ではなく、「非」言語的なメッセージを伝えることを目標としましょう。要は、気持ちや感情をこめましょうということです。

メラビアンの法則をご存知でしょうか。「7-38-55の法則」とも言われます。わかりやすく言うと、コミュケーションにおいて私たちの話の「内容」は、**わずか7％しか理解されない**ということです。

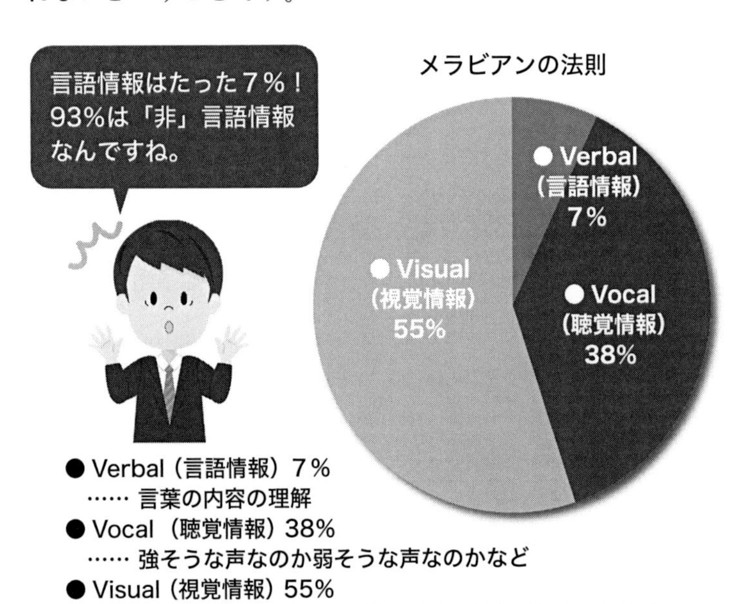

私たちのコミュニケーションで、言語的なものは７％しかなく、残りの93%は「非」言語的なものです。例えば、「自信のありそうな声をしている」とか、「猫背だから、弱々しく見える」などです。

私たちが１分間に受け取るこういう「非」言語的情報量は、約１万とも言われます。このように、案外、私たちは言葉以外のところでコミュニケーションをしています。実際、夫婦ゲンカの大半は、「言った内容」よりも「言い方」が原因なのではないでしょうか。

■「非」言語的メッセージ

母国語である日本語を話す場合、メラビアンの法則でいう93%の「非」言語的情報を伝えるのは簡単です。「胸を張って話す」「ジェスチャーを使う」「強い口調・弱い口調」「目力を強く」などは、比較的自由に調整できるでしょう。

一方、英語を話す場合、「非」言語的要素を使っているでしょうか？ 余り使えていないと思います。99%の日本人は、強い口調で言ったり、イントナーションを変えたり、「間」を作ったり、胸を張ったり、ジェスチャーをしながらの英語コミュニケーションができていません。原稿を読んで、「予定したことを言う」ことに精一杯で、ボディランゲージなどに気を配る余裕がないからです。

皆さんもこの本を読んで、何か英語でコミュニケーションするときに、ぜひ、言葉だけではなく、この**93%の非言語的な部分**も伝えられるようになってください。これが「英語交渉術」の究極の目標です。形式的な内容だけでなく、暗黙知的な情熱や強い思いもしっかり伝えましょう。

■英語には「型」がある

では、どのように英語を話せば良いかというと、実は英語には**お決まりの「型」**みたいなものがあります。この「型」に当てはめるだけで、誰でもある程度の分量の英語を話せます。そして、この「型」に慣れれば、「何を」しゃべるのかに悩むことがなくなり、「どう」しゃべるかという「非」言語的な部分にまで気を配ることができます。

この「型」は、わかりやすく相手に理解してもらう上で非常に大事です。以下では「一般」と「スピーチ」の２つの「型」をご紹介します。

■一般の「型」――ハンバーガー話法

まず、交渉や会話一般で使える型、これを「ハンバーガー話法」といいます。例えば、メインで一番言いたいことがこちらだとします。

We cannot accept this proposal this time.
(私たちは、今回この提案を受けることができません)

相手方の提案を拒絶する。特にこういうネガティブなこと、言いにくいことを言う場合には、ポジティブな言葉（パンとレタスとチーズ）で「挟んで」ください。

【パン】

Thank you for giving us your detailed proposal.
(ご提案頂き、ありがとうございます)

皆さんも英語のメールの返信で、Thank you for your email. と何度も書いたことがあると思いますが、それと同様です。

「ありがとう」と思っていなくても「ありがとう」と言います。日本のメールでも、取引先などに「いつもお世話になっております」と、いつもお世話になっていなくても書きますが、こういう決まり文句のようなものです。まずは、連絡してくれたことや、詳細を送ってもらったことなどに対してお礼を言います。

【レタス】

We are sorry to tell you that…. (残念ながら…)

I am sorry でも I am afraid でも構いません。一言「申し訳ございませんが…」と先に言います。

【ミート】

We cannot accept this proposal this time.

(私たちは、今回この提案を受けることができません)

最初に書いた、本当に言いたい部分でありメインです。ハンバーガーのミートの部分です。

【チーズ】

Because this does not meet our requirements.

(なぜなら、こちらは私たちの要求を満たせないからです)

何かを断る際、その理由は丁寧に言いましょう。レタスでもチーズでもどちらでもいいのですが、ネガティブなことを言うときに、いきなり「ミート」(結論) だけを言うのではなく、丁寧に言葉を重ねて、後腐れがないようにしてください。

【パン】

We look forward to receiving another option from you.

（また、別の選択肢を拝見させて頂けるのを楽しみにしております）

最後は、たとえ喧嘩別れしたくても、礼儀やマナーとしてポジティブに終わるのが英語です。

皆さんの周りで、優秀な人のメールをよく見てください。日本人でも外国人でも、必ず冒頭と最後はポジティブに締めているはずです。

このハンバーガー話法をまとめると以下のようになります。

ハンバーガー話法

【パ　ン】Thank you for giving us your detailed proposal.
【レタス】We are sorry to tell you that….
【ミート】We cannot accept this proposal this time.
【チーズ】Because this does not meet our requirements.
【パ　ン】We look forward to receiving another option from you.

「日本語には謙譲語・尊敬語・丁寧語があるが、英語には敬語がない」という人がいますが、とんでもないです。この**ハンバーガー話法が、いわば英語の「敬語」**です。

この一般の「型」はメールでも会話でも使えます。ぜひ活用してください。

■スピーチの「型」

次はスピーチの「型」です。日本語でもマイクを握ってスピーチするのが苦手で、英語なんてさらに難しい…と思われる方に、まずは３つだけ鉄則といえる「型」をお教えします。

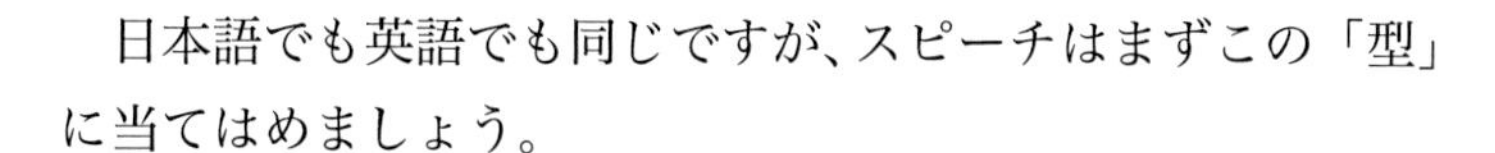
日本語でも英語でも同じですが、スピーチはまずこの「型」に当てはめましょう。

❶ 主催者を立てる

まずは主催者・主賓を立てます。ここは「誰がスポンサーだろう」「誰が一番偉いのか」「主催者は誰か」など空気を読んでください。

そして、その人に対して「お招き頂きありがとうございます」や「こういう場を与えて頂いて光栄です」と言いましょう。この場合、必ず honoured（アメリカ英語では honored）を使ってください。

I am honoured to be invited here.

I am honoured to have been given this opportunity.

❷ タイムリーなネタ

あとタイムリーな時事ネタ・臨機応変ネタを絡めます。この一週間で起こったこと、また自分が２番目にマイクを持ったら、１番目にマイクを持った人について話してもいいでしょう。ここに頭の良さ、機転が現れます。

❸ ユーモア

そしてできれば、ここで**ユーモアを発揮しましょう。**ユーモアというのは、余裕があって、ウィットがあって、相手へのリスペクトがあることを示します。臨機応変な頭の良さを示すものです。ただ、ユーモアに関する本などを読んで、仕入れた小ネタを披露したりするのはおすすめできません。必ず滑ります。現在起こっている時事ネタを絡めて、自分で考えるユーモアが理想です。

■竹中平蔵さんのIcebreaker

理想的なスピーチの例をお示しします。

5年ぐらい前、ある国際会議で竹中平蔵さんがスピーチをしました。竹中さんはアメリカのハーバード大学などで学ばれました。さすがハーバード仕込みと言うべきか、「スピーチの型」にしっかりはまった完璧な英語のスピーチをされました。

そのスピーチ。当時、トランプ氏が出馬した大統領選挙の前後あたりでした。そのため竹中さんは、「この前、ニューヨークへ行ってマンハッタンのトランプタワーに泊まりましてね」というようなことを英語でアイスブレイク、つまり、場をほぐすイントロとして言いました。そして「大統領選のせいか、人でごった返していて、あまりにも混んでましたので、日本にいる妻にお土産を買えない言い訳ができました」とおっしゃいました。

このように、**「自分を下げる」「少し自虐的なことを言う」「自分をネタにする」のは、ユーモアの基本**です。まさに、時事ネタとユーモアを使って、完璧に「スピーチの型」に当てはまった大変素晴らしいスピーチでした。

■レーガン大統領の自虐ネタ

レーガン大統領やチャーチル首相など、有名人が言ったユーモアはインターネットで調べればたくさん出てきます。いろいろ参考にしてみてください。

〈 レーガン大統領 〉

「私は大統領としての資質をすべて備えている。第一に、抜群の記憶力。第二に、……忘れました」

「自分を下げる」レーガン大統領のこのユーモアは理想的です。人を嘲るのではなく、自分を落とす、自虐的なのが欧米のユーモアの基本です。

〈 チャーチル首相 〉

議会で対立しているある女性議員が言った。「もし私があなたの妻なら、あなたの紅茶に毒を盛りますね」

チャーチルは、すかさず切り返した。「もし私があなたの夫なら、喜んでその紅茶を飲みますね」

このチャーチル首相のユーモアは、自分を卑下しているわけではありませんが、「とっさの切り返しの上手さ」という点でとても参考になります。

■スピーチのコツ（上級編）

先ほど、鉄則といえる「スピーチの型」を３つご紹介しました。❶主催者を立てて ❷時事ネタを披露して ❸ユーモアを利かせる。さらに以下の４つのコツを、スピーチの上級編として紹介します。

❹ Q&A 形式

Q&A 形式は、例えば「今日は何の日でしょうか？」など聴衆に質問を投げかける方法です。いろいろなスピーチやセミナーでよく聞くと思います。ちょっと気を引くようなテクニックです。

コラム 2

私の十八番のユーモア

私はよく、外国人弁護士との交流会やパーティーに出席します。そういうときに、私がよく使う十八番のユーモアをご紹介します。

あるドイツの弁護士について、「今、彼は伸びてますよ」と話題になったとします。

『The rainmaker』という映画があるとおり、雨を降らせるように稼ぐ弁護士のことを「レインメーカー」と言います。そこで、私は、He is a rainmaker in Germany.（彼はレインメーカーだ、稼いでるよね）と言ってそのドイツ人弁護士を立てました。

次に私は、自分を指して、

I am a troublemaker in Japan.
（私は日本でヘマばっかりしているんだ）

と自虐ユーモアを言います。さらに、もう一人ラテン系のノリの良さそうな男性弁護士を捕まえて、He is a lovemaker in Brazil. と言います。これは確実にウケます。lovemaker というのは私の造語でして、「女性と仲良くする」みたいなニュアンスを込めています。～ maker で３つ韻を踏ませています。ちょっとギリギリなジョークですが、皆さんもよかったら使ってみてください。

❺ 刺さる言葉を連呼

次は刺さる言葉。短くてポジティブで、「夢」や「志」のような、伝言ゲームのように、みんなが簡単なリフレインできるような言葉です。なお、「短い」といえるためには13文字以内が基準です。

たとえば、「◯◯さん、あのときのスピーチでああいう言葉を言ってたよね」と、1か月後、2か月後にも思い出せるような言葉を何回も使います。これがスピーチを印象深くするコツです。小難しい言葉を並べるのではなく、わかりやすくポジティブなもの、みんなが共通で持っているマインドセットやチャレンジスピリットのようなものを何度も連呼しましょう。

❻ 大きな声で

声の大きさも大事です。その場所にいる人全員に、300人いたら300人のはらわたに染み込むような声で話しましょう。それだけで、印象が全く違います。

具体的には、話す場所の**自分から一番遠い壁に、自分の声がビンビン響いている**状況をイメージして、大きな声を出してください。

❼ 伝説を作る気概

最後は「気概」です。伝説を作るつもりで臨んでください。何か月後、何年か後に「あぁ、あの時の◯◯さんのスピーチは伝説でしたね」と思われるように、本気で準備するのです。

以上、私がご提案した3つのスピーチの「型」、さらに4つのコツを踏まえて一生懸命準備すれば、伝説にならなくても、それなりに良いスピーチができます。自信を持って保証します。

2-2 大きく、ゆっくり、はっきり

英語を話すときに一番大切なことをお伝えします。

■英語を話すときの三要素

英語を話すときは、**「大きく」「ゆっくり」「はっきり」**話しましょう。

- 大きく
- ゆっくり
- はっきり

この3つが
基本！

これが基本中の基本です。私がこの本で最もお伝えしたかったことは、この3つです。この3つだけは、ぜひしっかり覚えてください。英語は、大きく、ゆっくり、はっきり話すだけで、今日からでも全く違って聞こえます。そもそも英語の発音や発声の仕方は日本語と異なります。そのため、「大きく、ゆっくり、はっきり」話さないと、とても拙い英語に聞こえてしまいます。

■大きい声で

ある統計によると、日本人の**英語が通じない理由の80%は、声が小さいから**だそうです。英語は「腹から」出し、日本語は「喉から」出します。ここが決定的な違いです。

例えば、日本語の「はい」と英語の「ハイ（Hi)」は同じようで、発声が全く異なります。「はい」は喉から出ていますが、「Hi」は腹から出ています。Google日本法人社長の村上憲郎さんは、著書『村上式シンプル英語勉強法』（ダイヤ

モンド社）で、最も良い英語の勉強法は「ベランダに行って、アルファベット26文字（A,B,C…）を腹から大声で読むことだ」と書いています。とてもいい指摘です。

声を「腹から」出す練習をすることが、英語を話すための第一歩です。まずここを変えないと、何を言っても通じません。

■ゆっくり話す

日ごろ、1日の5％しか英語を話していない私たちは、早くしゃべると、どうしても舌を噛んでしまいます。これは心理的にも嫌ですし、カッコ悪いです。ゆっくりとしゃべれば、ミスも回避できます。

絶対に、**「ペラペラ」しゃべろうとしない**でください。私も日本のいろいろな一流弁護士の英語を長年聞いてきましたが、ペラペラしゃべる人は1人もいません。立派な人はみんな特にゆっくりしゃべります。

YouTube などで、ソフトバンクの孫正義さんや楽天の三木谷浩史さんが英語を話すのを見ることができます。お二人とも、とてもゆっくり話しています。早くしゃべることは一流の条件ではありません。

■ APECのアメリカ外交官

10年くらい前、APECの会議に出たことがあります。こういう会議には、大きなカンファレンスセンターに、欧米・アフリカ・アジアなど世界50か国くらいから、たくさんの外交官が集まります。会場では、さまざまな英語が飛び交っています。

そのコーヒーブレイクでアメリカの女性トップ外交官と雑談したところ、とても速い英語で会話をしていました。しかし、その彼女は、会議中は、まるで別人のように、かなり速度を落としてしゃべっていました。50か国のどの外交官の中で、誰よりもゆっくりと話していました。

私はそのとき、「これがプロなんだな」と思いました。コミュニケーションの主役は受け手です。話し手ではありません。早口で話したら、50か国の人に通じません。**通じなかったら意味がありません。だからゆっくりしゃべる。**これがプロです。

■ペラペラは無理

『雨にぬれても』という歌をご存知でしょうか。有名な西部劇映画『明日に向って撃て！』の挿入歌です。ぜひYouTubeで聞いてみてください。おそらく、どこかで聞いたことがあるメロディです。曲の冒頭はこうです。

Raindrops keep falling on my head.
(雨粒が僕の頭に降り注いでいる)

この歌詞をメロディに合わせて歌えますか？ dropsの「s」をきちんと発音しながら歌ってみてください。メロディを付けながら「s」をしっかり入れて歌うのは、日本人には非常に難しいです。

私の元上司はマンハッタンに3年いましたが、これが歌えなくて3年間イジメられたと話していました。普段5％しか英語を話していない日本人には、速く英語を話すことは、とてもハードルが高いのです。早口でペラペラしゃべることは無理。諦めた方がよいです。堂々とゆっくりしゃべりましょう。

■はっきり話す

「大きく」「ゆっくり」の次は、「はっきり」です。

NHKなどのニュースで、アナウンサーの上唇をよく見てみてください。セメントで固めたように動きません。これが日本語の話し方です。日本語は、世界に何千とある言語の中で、「上唇が動かない」特徴的な言語です。

私たちは、生まれてからずっと、上唇をセメントのように固めてしゃべってきました。だから、英語が通じないのです。日本人には違いがわかりにくいですが、英語ネイティブの人たちには、**上唇を動かさない日本人の英語は、とても拙く聞こえます。**

ですから、意識的に上唇を動かし、口角を上げましょう。ゴニョゴニョ音読するのではなく、憧れのハリウッド俳優になり切ったつもりで、感情を込めて音読してみてください。そうすると「はっきり」話せるようになります。そのトレーニングとして、私は今でも毎日のようにやっていますが、「歯で鉛筆を挟んで、口角を上げる」練習も効果的です。

■むやみに巻き舌にしない

What time is it now?（今何時ですか）と英語で言ってみてください。9割の日本人は巻き舌にして微妙に「r」が入る発音をします。ちょっとくぐもった、桑田佳祐さんの歌のような話し方です。

でも、この英語のスペルにはどこにも「r」はありません。日本人は「r」にコンプレックスを抱きすぎて、「r」がないのに「r」を入れて、**やたら巻き舌にして発音をしがち**です。

これは下品な英語なので、絶対にやめましょう。
この「不必要に巻き舌にする」癖が日本人にあるため、日本人の英語は聞き取りにくいです。日本人には「英語は巻き舌で話すものだ」という間違った先入観があります。巻き舌にするから、はっきり発音できないのです。
アメリカ英語にはこの不必要な「r」が入りやすいので、アメリカ英語ではなく、イギリス英語を目指してほしいです。

■英語と米語の違い

英米の発音の違いは、子音を発音するかしないかです。数字の 20 を発音してみてください。多くの日本人が「トゥエニー」と発音します。正直言いまして、三単現をたまに間違えるようなレベルでこのような発音をするのは、滑稽に聞こえます。はっきり「トゥエンティー」と発音しましょう。
イギリス人の子供は「トゥエニー」と発音したら、Don't be lazy.（怠けるな）「t」を発音しなさいと言われます。このように、**カッコつけずに子音をきちんと発音**してください。
日本人は、アメリカ英語に触れる機会が圧倒的に多いです。観る映画もハリウッド映画がほとんどではないでしょうか。そのためにアメリカ英語の影響を受けて「トゥエニー」になっても仕方がない部分はあります。しかし、国際的には、子音を省いて発音するのはちょっと恥ずかしいことだと認識してください。「トゥエンティー」を「トゥエニー」と発音するのは、「行かない」を「行かねえ」と発音するようなものです。江戸っ子か。

2-3 感情を込める

大きく、ゆっくり、はっきり話せるようになったら、次は感情を込めましょう。

■気持ちを伝える

英語の巧拙は「ペラペラ早くしゃべることができたか」ではありません。どれくらい難しい単語を使ったか、でもありません。日本語でも同じです。そもそも、心に残るスピーチとはどんなスピーチでしょうか。

「心がこもった」スピーチであるはずです。これは日本語でも英語でも同じです。ですから英語を話すときも、心を込めましょう。気持ちを込めましょう。情感を込めましょう。

そのためには、「大きく、ゆっくり、はっきり」話さないとダメです。「大きく、ゆっくり、はっきり」の反対は、「小さく、早口で、ゴニョゴニョ」です。「小さく、早口で、ゴニョゴニョ」話して、心を込めることができるでしょうか。できないはずです。

英語でも、日本語と同じように、心を込める。気持ちを伝える。「話し手の気持ち」「話者の情熱」という、「非」言語的な情報を、大胆に、勇気を持って伝えてください。そうすれば、「お、普通の日本人の英語とは違うな」と思ってもらえるでしょう。

■棒読みではなく、抑揚をつけて！

ここからは少し上級編です。次のリンカン大統領について書かれた詩を、声に出して読んでみてください。なるべく抑揚をつけて話すと、より英語らしく聞こえます。

"If you sometimes get discouraged, consider this fellow. He dropped out of grade school. Ran a country store. Went broke. Took 15 years to pay off his bills. Took a wife. Unhappy marriage. Ran for House. Lost twice. Ran for Senate. Lost twice. Delivered a speech that became a classic. Audience, indifferent. Attacked daily by the press and despised by half the country. Despite all this, imagine how many people all over the world have been inspired by this awkward, rumpled, brooding man who signed his name, simply, A. Lincoln."

「もし、あなたが落胆するならば、この人のことを考えてみてください。彼は小学校を中退し、田舎で商店を営んでいた。一文無しになった。15 年かかってやっと借金を返した。妻をめとった。不幸な結婚だった。下院議員に立候補した。2 回落選した。上院議員に立候補した。2 回落選した。歴史に残る名演説をした。聴衆は無関心だった。毎日マスコミに攻撃され、国の半分から軽蔑された。にもかかわらず、世界中のどれだけの人々が、この不器用で、しわくちゃで、陰気な、署名でただ A. リンカンと自分の名前を書いた男に感化されたことか」

可能であればボイス録音などして、自分の英語を聞いてみてください。おそらく原稿棒読み、お経のように読んでいると思います。ゆっくりと、カッコつけて、ちょっと大袈裟なくらいに、**感情を込めて、抑揚をつけて**読んでみてください。

この詩のいい読み方とダメな読み方は、私がYouTubeで実演して比較しています。

→（URL：https://youtu.be/7rMASf5LngI）

短い文章が多く、インスパイアされる内容ですから、凹んだときにこの詩を唱えると「よし、がんばるぞ」と思えるので、練習には最適です。私はこれが大好きで暗唱しています。大学英語の塾講師をしているときも、生徒の高校生に暗唱させていました。普段やっている英語でのプレゼンも、抑揚をつけて感情を込めて話しています。

全く同じ内容でも、表現の仕方が違うだけで、聞き手の理解度が驚くほど上がります。何度も録音しながら練習して、情熱的な、人を惹きつける英語を話してください。

■お経英語ではなく落語英語

抑揚をつけるには、「間」が不可欠です。英語の抑揚をつけた「間」のある話し方は、日本の落語によく似ています。**お経のように話すのではなく、落語のように**話してください。ご興味があればぜひ、プロの落語家で最近真打（しんうち）に昇進した、立川志の春さんの落語を聞いてください。

彼はイエール大学から三井物産に行って、そこから落語家になった異色のキャリアを持ちます。彼は英語でも落語をやります。日本人がやる英語の落語なので、単語のレベルもわざと落としてくれて、わかりやすい英語で話しています。

「間」がないのは間抜け、と言うように、「間」は落語にとって大事な要素です。志の春さんの落語は、英語における「間」の取り方を学ぶのに素晴らしいお手本です。

■ 27 の声色で

「27 の声色」は、私が塾で英語の先生をやっているときに編み出したコツです。授業中、大事なこと教えているのに、部活動などで疲れて居眠りする生徒がいました。でも、どうしても伝えたい、これを一生懸命勉強して大学に受かってもらいたい…という思いから、生徒を眠らせない工夫として考えました。

①声のトーンの高中低、②声の大きさの大中小、そして③話す速さの速中遅。この **3× 3× 3 で 27 個の声色**を変化させます。こうして大事なところを大きくゆっくりしゃべったり、声質の幅を広げたりして、相手の注意を惹きつけるよう

にします。このメリハリのある話し方は、今でも会議などでとても役に立っています。

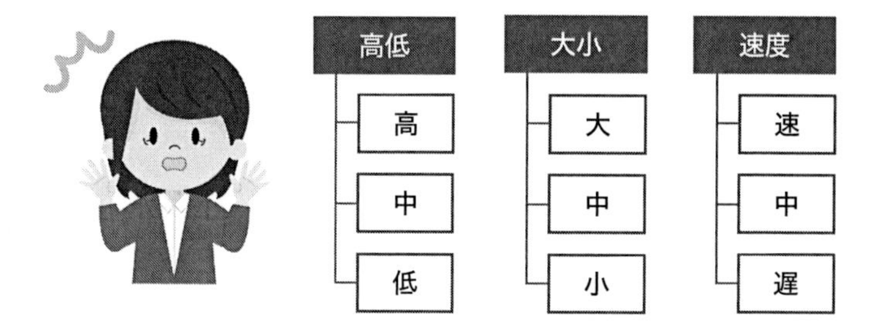

■語尾を下げる！

次は語尾についてです。皆さんのあまり出来の良くない部下、または新入社員をイメージしてください。新入社員は、語尾を上げて話すことが多いです。これは、心理的に自信がなく、考えながら話すからです。「えー、その問題についてはー、調べてみたんですがー、インターネットによればー」という感じです。こういう日本語を聞いた瞬間、「アマチュアだな」「できないビジネスマンだな」と思ってしまいますよね。

英語も同じです。人間は、**考えながら話すと語尾が上がってしまう**のです。これはとてもカッコ悪いです。ですから、語尾を下げてください。私も、これができるようになるまで時間がかかりました。この話をある帰国子女の人にしたら、「中山さん、そのとおりです。イギリス人は、なんでもカッコつけて疑問形でも語尾を下げますね」と言っていました。

カッコつけているかどうかはわかりませんが、語尾を下げると自信があるように聞こえます。例えば、簡単な英語で、Did you go there? そこに行きましたか？ と聞くとき、「疑問形なので語尾は上げる」と教科書で教わりますが、この語尾を下げて言うイギリス人が比較的多いです。

日本人はただでさえ英語が拙いのに、語尾を上げると、より自信がなく子供っぽく聞こえてしまいます。**語尾はなるべく下げた方が印象がいい**のです。

例えば、私も、飛行機でキャビンアテンダントさんに飲み物を頼む際、Orange juice, please. と言うときも、意識的に語尾を下げるようにしています。こういったところから練習してみましょう。

■原稿を読まない

欧米の大統領や首相は、ほとんど原稿を読みません。一方、日本では政治家などが公衆の前で、ずっと下を向いて原稿を読んでいるのをよく目にします。これでは刺さりません。

ビジネスでも全く同様です。日本の会議でも、担当者があらかじめ用意された原稿を読むだけということがあります。質問を受けると、慌ててその答えが書いてある書類を探す、という光景も珍しくありません。メモを見る程度でしたら構いませんが、ずっと読みっぱなしというのは、欧米人が見たら、「この人は無能なのだろう」と思うでしょう。

スピーチは、自分の頭にある考えを、相手の顔や目を見て話すから意味があるのです。欧米の役員まで上り詰める人は、余裕があります。ちょっとしたジョークを織り交ぜながら、自分の言葉で話します。異性を口説くときに、ラブレターの原稿を読む人はいません。恥をかいてもいいから、**絶対に原稿を読まない訓練をしてください。**

■日本語にない発音

学校では教わらない、日本語にない発音について説明します。例えば、

major　　（メジャー、主要な）
measure　（メジャー、測る）

この２つは、日本語では文字も発音も同じですが、英語では全く違います。major の「ジャ」は日本語と同じで、舌が上顎に付きます。チとかシの声帯を振動させて発音すればいいだけです。

一方、measure の「ジャ」は日本語の発音にはありません。舌を歯の裏に付けません。push や dish の「シュ」の口（舌）のままで、声帯を振動させます。**この発音は日本語にはない**ので、特に意識して発音しましょう。

もう一つ、「Asia」も、日本語ではアジアですが、英語ではエイジアと発音します。この「ジ」も、舌が歯の裏に付かない、measure と同じ「ジ」の発音です。この発音は学校で教わっていないかもしれません。

■アクセントも重要

アクセントも同様、英語と日本で違うものがあります。15年前、ドイツの友人にPilates（ピラティス）と何度言っても通じなかった経験があります。日本では「ピ」にアクセントがありますが、ドイツ人が話す英語では「ラ」にアクセントがありました。正式な英語では「パイレーツ」のようですが…。世界にはいろんな英語があることを知りました。

また、ご存知の方も多いと思いますが、マクドナルドも、英語では最初の「ド」にアクセントがあり、マクダーナルドのようになります。

このように、**アクセントが違うだけで、ネイティブには全く通じなくなります**ので、注意しましょう。

以上、話し方についてお伝えしました。①大きく、②ゆっくり、③上唇を動かしてはっきり話す。この3つを意識するだけで、皆さんの英語は全然違うものになります。そして、ある程度「大きく、ゆっくり、はっきり」しゃべることができるようになったら、次は感情を込めてください。今日からでも、すぐに始められます。ぜひ実践してみましょう。

大きく、ゆっくり、上唇を動かしてはっきり話す。ぜひ実践を！

2-4 おすすめ表現

ここからは、今日からでも使えるおすすめ表現をご紹介します。

■おすすめ表現（1）—聴き取れないとき

まず、この本で何度もお伝えしているとおり、私たちはネイティブの英語をせいぜい6割しか聴き取れません。では、聴き取れなかったときに何と言いますか？

I beg your pardon? や Come again? とか、I am Sorry. Please speak slowly. などでしょう。

でも speak slowly は、格好悪くて言いたくありません。一番言いたいけれど、一番言いたくないフレーズです。特に私は「国際弁護士なのに英語が聴き取れていないんだ」と思われたくないため、決してこれらの英語は使いません。

皆さんもそうだと思います。「英語交渉の担当者なのに、TOEIC 900点取っているのに、全然聴き取れていないですね」と思われたくありませんよね。そのため、ぜひ以下のフレーズを使ってください。

Can I understand that…?
（…はこう理解してよろしいですか？）
I understood that…. Am I correct?
（…と理解しました。これで合っていますか？）
Am I correct in understanding …?
（この理解で合っていますか？）
Correct me if I am wrong.　…?
（もし間違えていたら言ってください）

すべて、「…ということでいいですね。」という念押しの表現です。自分でまず相手の言ったであろうことを想像して、**クローズドクエスチョンで訊く**のです。「何と言ったのですか？」というオープンクエスチョンでなく。

そもそも、相手の話を「全部」理解することは、無理だと諦めてください。ネイティブの早口を、会議で100％理解できるはずがありません。でも、皆さんは担当者なので、資料も読み込んでいて文脈を一番理解しているはずです。聴き取れた単語から、「この文脈でこの単語を使うということは、こういうことを言ったんじゃないか」と全力で想像してください。

そして、自分で考えて、「この理解で合っていますか？」と逆質問します。要するに、「クローズドクエスチョンで訊く」というのがポイントです。

クローズドクエスチョンとは、相手にYes/Noで答えてもらう質問です。それとは反対に、オープンクエスチョンは、答える範囲が広く、先ほどの例でいうと「今言ったことを再度まるごと言ってください」とお願いするものです。

できる限り、オープンクエスチョンで訊かないでください。私はこう理解したけれど、これでいいですよね？ と言うのと、もう一回全部言ってください、とでは、印象がまるで違います。

英語を聴き取れなった場合、「この理解で合っていますか？」とクローズドクエスチョンで訊きましょう！

■おすすめ表現（2）―会議編1

Sorry to interrupt you.（ちょっとすみません）
Don't take me wrong.（誤解しないでくださいね）
I don't mean to offend you.（気を悪くしないでくださいね）
Is it OK if…？（…でいいですか？）
May I have … again ？（もう一度仰ってもらえますか）
Could you elaborate/clarify/be more specific?
（具体的には？）

その他のおすすめ表現を順不同で紹介します。

Sorry to interrupt you. こちらは、相手の話の途中に割り込むときに使うものです。言いにくいですが、必要なときには勇気を持ってカットインしましょう。

これは決して失礼なことではありません。ここで何も言えずに、後ですべて終わった後に、戻らなくてはならなかったり、**疑問や誤解のあるまま進行させてしまう方が失礼**です。

Don't take me wrong. はよく使います。ズバッと言うけど、回りくどく丁寧な、人を不快にしない表現はイギリス人ほど上手にはできません。

日本人だから「語彙が少なくて、単刀直入の言葉しか使えないんだな」と理解してもらえればまだいいですが、相手に嫌な思いをさせてしまうのは、会議では極力避けたいです。そういうときに、これは使える表現です。Don't get offended. とも言います。

May I have … again? は主に電話で使います。上司に、誰から電話が来たか報告しなければならないのに、名前が聞き取れなかったとき、May I have your name again?（お名前をもう一度おっしゃってもらえますか？）と言うのが決まり文句です。

また、抽象論ばかり言っていてよくわからない、結局どういうことなのか、具体的に選択肢は何なのか、と質問したいときには？ Could you elaborate/clarify/be more specific…? と聞きます。

■おすすめ表現（3）―会議編2

I get your point.
（おっしゃることは理解しました。Yes ではない）
I do not get your point.（よくわかりません）
where we are（今私たちが何を話しているか）
Let me share with you.（一応お伝えしておきます）
○○○? which is….（その意味は…）
May I (humbly) suggest …
（…しませんか / したらどうですか）
had better は×

I get your point. これを使えるようになるまで、多少経験が必要かもしれません。日本人は何でも、イエス、イエスと言ってしまいがちです。

「言っていることは分かった」「なるほど」は Yes ではありません。Yes は OK ですという、契約成立に近い、かなり強い法律的な意味を持ってしまいます。「わかりました」は

I see. です。そしてI see. よりも格調があってカッコいいのが、I get your point. です。

「言っていることはわかったけれど、こちらとしての考えは違います」というニュアンスです。I get your point. But… と続け、自分の意見は別にある、と示すことが多いです。

また、単に何を言っているのがわからない、要領を掴めないときには、Sorry, I don't get your point. と言います。I can't understand だと、自分の理解力が拙いと受け取られますが、I don't get your point. だと、「君の説明の仕方が不十分だ」というニュアンスにもなるので、恥ずかしい思いをしません。

which is …は、なんか重要そうだな、でもよく意味がわからないので、聞いておきたいな、というときに使う表現です。What is the meaning of …? (その意味は何ですか) でもいいのですが、ビジネスではwhich is… の方をおすすめします。例えば、相手がしゃべった○○○○がよく分からなかったけど、重要そうな単語だと思ったら、Sorry, ○○○○? which is... と言えば、たいてい、相手がその単語の意味を説明してくれます。簡単なので、ぜひ使ってみてください。

受験英語の95%はビジネスで通用しますが、残りの「ビジネスで通用しない受験英語」の5%に入るのが、had better です。これは、ビジネスで絶対使ってはいけません。

had better は、「そうしないと問題や危険があるよ」というような強い意見で使います。少し上から目線というか、押し付けがましい表現です。suggest の方が、きつい言い方だと感じている人が多いかもしれませんが、実は逆で、suggest には「控えめに提案する」というニュアンスがあります。**必ず suggest を使ってください。**

例えば、You had better go there. と言うのではなく、I suggest you go there. と言いましょう。

■おすすめ表現（4）－接続詞編

Instead（その代わり）
Nevertheless（にもかかわらず）
On the other hand（一方）
In the meantime（当面は / とりあえず）
Otherwise（さもなければ）
If A, then B（もし A なら B）
（A が長いとき、then を入れると効果的）

これらの短い接続詞は、ぜひ使えるようにしましょう。例えば、instead は、短くて非常に重宝する単語です。辞書では in place of などいろいろ出てきますが、この instead だけで十分です。

日本人の書く英語はどうしても長くなりがちです。 if 節だけで２～３行ぐらいになってしまうと、どこまでが if 節なのかわかりにくくなります。そういうときは、ここまでが if 節ですよ、と終わりを示すために then を使います。この then は、あってもなくても意味は同じですが、相手にわかりやすくするためのテクニックです。

接続詞を上手く使って相手の理解を上げるのですね！

■おすすめ表現（5）―接続詞 / 副詞編

subject to…（…を条件に）
Given/In light of …（…を考慮に入れると）
Assuming…（…と仮定すると）
In this regard/respect（この点で）
In this sense（この意味で）
Please proceed accordingly.（よしなに進めてください）

何々を条件にという、subject to…は、特に法務の方が契約交渉の際に覚えておくべきフレーズです。例えば、上司が承認することや稟議が通ることを条件に、と言うときには、depending on は稚拙に聞こえますので使わないでください。subject to approval と言います。

Given/In light of …は「何々を考慮に入れると」「…を踏まえれば」という表現です。これと似た表現はいくつかあります。take into consideration や take into account などを学校で教わりましたが、話すときも書くときも **Given だけで構いません**。例えば、Given the situation（状況を考えると）のように使います。

■おすすめ表現（6）―その他

You should have said as such.（そう言うべきだった）
Most of the time （ほとんどの場合）
What if…?（…したらどうしますか）
May I trouble/bother you to… （お手数ですが…）

「たいていの場合」と言うときに、日本人は almost と言ってしまう人が多いです。これは間違いです。most of the time と言いましょう。

May I trouble/bother you to… はよく使います。日本語でも何かお願いするときに、「お手数ですが」と言うのが決まり文句ですが、それと同様です。

■おすすめ表現（7）―その他

If I recall well （たしか…）
Unless you approve this, we cannot go back to Japan.
（〜しない限り・If …not との違い）
all the way（はるばる / わざわざ）
We are not sure to what extent this is viable.（どの程度）
Please join me in thanking/welcoming…
（パーティの常套句）

「たしか、その話は前回やりましたね…」というときに、If I recall well, と言います。

また、パトスに訴えるときに、all the way というのを口語体でよく使います。例えば、「はるばる、日本からアメリカまで出張してきたんですから、せめてこれくらいはご理解ください、譲歩してください」という文脈で We came all the way from Japan to the United States. などと使います。

■おすすめ表現（8）―その他

I would say （私に言わせれば…）
Frankly speaking （率直に言えば…）
Small question. （ちょっと質問させてください）
In addition/Further/On top of that （さらに）

上司や当社の正式な見解はともかく、「私はこう思います」と言うときは、personal とか personally という言葉は使いません。

パーソナルというのは、仕事と離れたプライベートでというニュアンスで使いますから、personally speaking というのはありえません。I would say と言います。would は遠回しで、丁寧な表現です。

覚えておくと役に立つ表現がたくさんありますね！

■国際電話の Tips

対面で英語を話すのはなんとかなっても、国際電話は苦手…という方が多いと思います。そんな方に、以下のコツ（Tips）をお伝えします。

1. 事前に Agenda をメールする
   - 獲得目標を明確に
   - 外国人に「支配」されないため

2. 事前に、資料にナンバリング
   - 「今何を話しているか」を確認しやすくする
   - 箇条書きは NG

3. Overlap しない
   - 話す前に名乗る
   - 話し終わったら、Thank you など

ここで挙げた、事前に議題（Agenda）を伝える等の国際電話のポイントは、face to face の会議や Zoom でもあまり変わりません。ただ一つ変わるのは、**「箇条書きを使わない」**ということです。事前に送ったアジェンダやパワポの資料の「箇条書き」を、電話口で英語で説明できますか？

日本語だったら上から３つ目、とパッと言えますが、英語だと、third from top とか second from bottom など、ちょっと言いにくいです。ですので、箇条書きではなく、1.2.... な

どのナンバリングをしてしまいましょう。

また、①（まるいち）や（1）（かっこいち）も使わないでください。グローバルビジネスで①や（1）（まるやかっこ）は使いませんし、機種によっては文字化けもします。

①（まるいち）なんか海外には字体として存在しなので、そもそも何と呼んでいいかわかりません。必ず１２３、ABCのような、**わかりやすいナンバリング**をしてください。

■時間は後に

at my office on Friday 30th May.
場所　時

これは意外に日本人が知らないものです。私も社会人になってから知りました。アポを取るときなど場所と時をお知らせしますが、この場合、**時を後に**言います。鉄則なのでしっかりと覚えましょう。

コラム 3

ジョークに対する対応

外国人のジョークがよくわからないのですが、どうしたらいいですか？と聞かれることがあります。

私は、「何か楽しそうなことを言っているね、楽しそうだねという程度にあしらっておけばいいですよ」とお答えしています。

そこで、「それどういう意味があるの？」と聞くのも野暮ですし、そもそも笑いのツボが違うからです。

英字新聞の４コマ漫画とかを見て、面白いと思った日本人はほとんどいないと思います。無理に作り笑い（愛想笑い）をするのはやめましょう。

彼らの多くはクリスチャンであり、根本的なバックグラウンドが私たち日本人とは違うので、わからないのは当然と開き直ってしまってもいいでしょう。

コミュニケーションの主役は受け手。受け手の私たちが面白くないと思えば無理に笑う必要ないし、聞き返す必要もありません。

ジョークは微笑で聞き流して、
無理に笑う必要はありません。

CHAPTER 3
英語を書く

英語を書くときに、
気をつけたいポイン
トを紹介します。

3-1 わかりやすく明瞭に

ここからは「書く」についてお伝えします。

■2行で短く

まず、「文章は短く」しましょう。わかりやすい、一義的な、「誰が読んでもそうとしか解釈できない」英語を心掛けてください。英語は書いているうちにどんどん長くなります。長くても、**2行で**収めてください。3行以上は長すぎです。

例えば、though も使わなくても構いません。全部 but や however で構いません。そのくらいの意識でどんどん短くしていってください。

(誤)
Though he is poor, he has many friends.
(彼は貧乏だが友達が多い)

(正)
He is poor. But/Nevertheless, he has many friends.

ビジネスでは though はほどんど目にしません。although に至っては1度も見たことがないかも知れません。

■クローズドクエスチョンで

もう一つのポイントは、話し言葉と同様、なるべくクローズドクエスチョンにすることです。以下にクローズドクエスチョンにする例を挙げます。

【例1】
（誤） What did you say? （何と言いましたか？）
⬇
（正）
We understood you said ○○ .
Please correct me if we are wrong.
（あなたが言ったことを、○○のように理解しました。もし間違えていたら、おっしゃってください）

【例2】
（誤） How do you proceed?（どのようにしたいですか？）
⬇
（正）
We are going to proceed this way. If you prefer otherwise, please let me know .
（私たちはこうしたいと思います。異存があればお知らせください）

日本語でも同じですが、クローズドクエスチョンにすることで、コミュニケーションの精度とスピードがグッと上がります。

■音読のリズムで書く

そして、**音読のリズムで書く**、ということも心掛けましょう。私も20行くらいのメールを書くときには、プリントアウトして、会議室へ行って音読して確かめます。音読するとよくわかります。句読点の位置がおかしい、of が入りすぎている、なんだかリズム感がない、などに気づけます。

日本人は、「〜の」というときになんでもofを使いがちです。ofを3つ以上続けて使うのはNGです。ネイティブはシンプルに'sを使います。例えば、「ボブの鉛筆」というとき、pencil of Bob. と言わずにBob's pencil でいいのです。company's, Japan's など、どんどん思い切って's を使ってください。

■即レスできるメールか？

1. Now or never!
2. 「件名」を工夫する

クローズドクエスチョンで訊くことは、交渉のテクニックというよりはスピード感のためでもあります。英語の仕事は心理的にもハードルが高く、どうしても仕事が遅くなります。しかも、相手からのレスポンスが遅かったりすると、上司から、「あれどうした？」と急かされてしまいます。

仕事をスピードアップするためには、相手に即レスしてもらえばいいわけです。オープンクエスチョンで聞くと、意図がしっかり伝わらなかったせいで「相手側（外国人）が、こちらが意図しない話をしてしまい、軌道修正に時間を取られてしまう」ということにもなりかねません。

そのため、最初から、こちらから**クローズドクエスチョンで訊けば、圧倒的に仕事が早くなります。**ビジネスでのメールは、Now or Never です。できる人ほど、1日何百もの多くのメールを受信します。今、返信したいと思わせなければ、他のメールに埋もれて永久に忘れられてしまいます。

そのため相手方に「今すぐ返信したい」と思わせるメールを書きましょう。

具体的には、件名から工夫してください。どういうわけか、日本の大きな会社や組織でさえ、外国人に遠慮をしてか、メールの件名を変えません。そもそも何のためにメールをしているのでしょうか？なぜチャットではなく、メールなのでしょうか？それは後から検索しやすいからです。

ぜひ、その長所を生かしてください。件名を見た瞬間、何のことか、すぐにわかるような件名にしていますか？

遠慮して抽象的な件名のままメールすると、後で検索しようと思っても、該当するメールを見つけるのが面倒です。これが仕事が遅くなる原因になります。件名を変え、今すぐに返信できるような、明解なメールを書きましょう。

メールの件名は、相手が見た瞬間、何のことかすぐにわかるようにしましょう。

3-2 「一義的」に書く

さらにわかりやすい英語を書く工夫をお伝えします。

■「一義的」な英語とは

次に英語を書く際には、「一義的」であるように努めましょう。一義的とは、一読了解ということで、具体的には

1. 50年後も
2. 誰が見ても
3. 疑義がない

ということです。例えば、私は先日、50年前にタイに進出した企業の契約書をレビューしました。当時、英語ができる人がいなかったため、拙い英語で書かれていました。このように、契約では1つの文章が何十年か後に、見知らぬ誰かにレビューされます。

私は日々そういう仕事をしていますので、自分が書いたメール、ドラフトやレビューした英文契約書が、50年後も見知らぬ誰かに使われることを前提に、英語を書いています。

そういう私から見ると、わかりやすい英語とは、**「50年後、自分や相手方の担当者がいなくなっても、誰もが理解できる」**というものです。つまり、あうんの呼吸ではない、当事者がいなくてもわかる、わかりやすい英語です。具体例を出しましょう。

■「一義的」英語の例

例えば、法律用語の「和解」という言葉に一対一で該当する英単語は存在しません。これは、「侘び寂び」という日本語に一対一で対応する英語がないのと同じです。そこで、「一義的」な英語にするために、3つの英単語を一緒に使うのです。

> 和解
> settlement/compromise/amicable agreement

settlement には、「和解」の意味はありますが、「解決」という意味もあります。ですから一義的ではありません。

compromise は、「妥協」という、少々ネガティブなニュアンスになります。

amicable agreement は「友好的な契約」ですので間違いではありませんが、何となく堅苦しい印象です。

そこで、私は上記のように**3つ書いて**、スラッシュで繋げてしまいます。

「和解」をどう表現するか

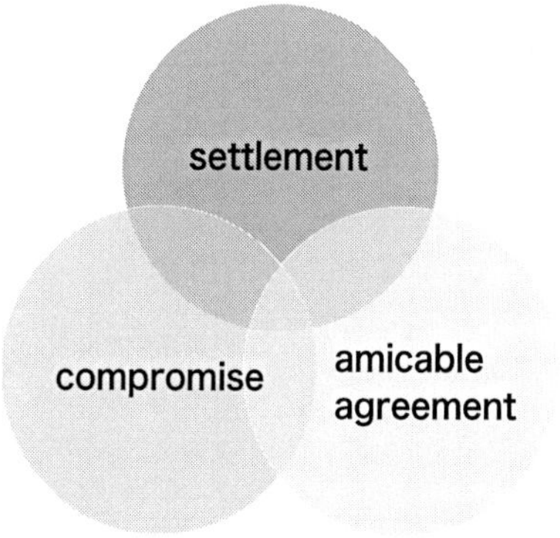

settlement
compromise
amicable agreement

■パラフレーズせよ

1. 相手の立場に立って、言い換える
   i.e., namely, in other words

2. 類義語を使う
   語彙と知性は比例する

このように単語を３つ使えば、最大公約数的にその共通項が明確になります。私は、「答弁書」など、一つの単語で伝わるか自信がない単語も、同様に言い換えています。

とにかく**パラフレーズ（言い換え）をしてください**。一つの単語で通じると思わずに、相手の立場に立つと「念のために複数の単語を使おう」となるはずです。

拙い英語しか使えない日本人が、一つの概念を、一つの単語で伝えようとすること自体、無理があります。２、３個使いましょう。そうするとどうしても文章が長くなりますので、意識的に文章を短くしてください。

なお、言葉を言い換える際に、法律業界でよく使うのはi.e.（すなわち）です。ラテン語からきています。in other words と同じですが、長いので私たちは i.e. を使います。抽象論を言ったら具体論、具体論を言ったら抽象論、と言い換えることによってわかりやすくします。それにより一義的な英語になります。

■語彙力も大事

言い換えるためにも、ボキャブラリーが大事になってきます。例えば、皆さんの部下やお子さんが「超」ムカつく、「超」熱いよ、など「超」を頻繁に使っていたら、もう少し上品な言葉を使ってほしいと思うでしょう。

それと同様で、日本人は何でも very, many を多用しがちです。それは残念ながら、超、超、超と言っている中学生と同じに外国人には聞こえてしまいます。

"thesaurus" と検索すれば類語を調べられる便利なサイトが見つかります。そこから類義語を探してください。

日本語でも英語でも同じです。語彙、**ボキャブラリーの豊富さ＝知性**です。知性、エトスを示したければ、同じ言葉を繰り返し使わないようにしましょう。

■見やすい英語書体

1. メールは Arial
2. ワードソフトは Times New Roman

形式論になりますが、見やすいフォントとして使って頂きたいものです。間違っても英語で Century は使わないでください。マイクロソフトのデフォルトが Century になってますが、とても読みにくいです。

3-3 おすすめ表現

英語を書く際のおすすめ表現をいくつか紹介します。

■おすすめ論証パターン

「論証パターン」というのがあるわけではないのですが、以下の慣用句を接続詞のように並べる論証は、代表的なものです。

For this purpose,（このために）
In this regard,（この点）
Accordingly,（それゆえ）
Therefore,（したがって）
Under these circumstances,（この状況では）
In conclusion,（結論として）

こういう言葉を接続詞的に使うことによって、ロジックを組み立てることが多いです。これらの言葉をビシッと使えるようにしてください。

なお、Under these circumstances は絶対に複数の「s」を忘れないようにしましょう。この「s」を抜いたら英語ではなくなります。このフレーズは直訳すると、「このような状況では」という意味ですが、実務的にはもっとくだけた、「だから」「それゆえ」「したがって」に近いニュアンスです。

■ whereby はおすすめ

We prefer Plan A, whereby we use this method.
（当社はプラン A を希望する。そのプラン A というのは、この方法を使うというものです）

このwhereby は、受験時代に教わらなかったかもしれませんが、実務ではかなり重宝します。例えば、I have a pen that is bought at the shop. と言うときに、that や which という関係代名詞の場合、その前の名詞が単数なのか複数なのか、それに応じて次に来る動詞に三単現の s をつけるのか、などを考えないといけません。

そこで、whereby を使います。whereby の後には、普通に「主語 + 述語」の単純な構造の文章を書けばいいので、関係代名詞の前の単語が単数だったかな…などと、三単現で戸惑う必要がありません。そんなとても便利な単語が whereby です。これは口語でもよく使います。

■おすすめ表現 ―文書編

Please note that…（ご留意ください）
Please be informed that…（ご承知おきください）
Please be instructed that…
（お知らせいたします・クライアントが弁護士に）
Please be advised that…
（助言いたします・弁護士がクライアントに）
Please be reminded that…（再度お知らせいたします）

もし皆さんが弁護士やコンサルタント、外部の専門家などを起用するときには、メールでこういう書き方をしてください。

特に please be instructed はよく使います。弁護士やコンサルタントは、クライアントからの instruction（指示）に従うことが仕事です。これができなければ報酬はもらえません。ちゃんと弁護士に指示しました、と明確にするために instruction という単語は非常に有用です。

■必ずSがつく英単語（1）

circumstances（状況）
Congratulations（おめでとう）
terms and conditions（契約条件）
minutes（議事録）
Articles of Incorporation/Association（定款）

Congratulation! と日本人が Facebook などで書いていますが、ちょっと恥ずかしいです。Congratulations（おめでとうございます）は必ず複数形です。間違えないようにしましょう。

■必ずSがつく英単語（2）

in other words（言い換えれば）
statistics/mathematics（統計 / 数学）
customs（税関）
securities（有価証券）
headquarters（本部）
trousers/pants/scissors/glasses（ズボンなど）
the Netherlands/Philippines（オランダ / フィリピン）

Custom も、税関を意味する場合は s、Headquarter も s がないとダメです。常識として覚えてしまいましょう。これらを間違えるのは、三単現の s を抜かすよりも恥ずかしいです。

■ S がつかない英単語

advice/guidance（助言 / 案内）
information/intelligence/knowledge（情報 / 知能 / 知識）
progress（進歩）
equipment（設備）
baggage/luggage（バッグ）

逆に、上で紹介した単語には絶対に s がつきません。informations、progresses、baggages、luggages のように s がついているのを、一度も見たことも聞いたこともないはずです。世の中に存在しません。**「見たことがない英語は書かない」**ようにしてください。たくさん英語に接すると、「見たことある」「見たことない」が感覚的にわかってきます。

日本人が間違いやすい、
S がつくか、つかないかの英単語
しっかりと覚えましょう！

コラム 4

Why はなるべく避ける

Why から始める疑問文は、なるべく使うのを避けましょう。上品なビジネス会話では、Why で始まる疑問文はあまり使いません。なぜなら、反語的に解釈され、嫌味とか、喧嘩を売っていると受け取られかねないからです。

例えば、Why did you say so? なら、文字通り「どうしてそう言ったの？」と受け取られるのではなく、「なんでそんなこと言っちゃったの、言うべきじゃなかったよ」という非難を伴って聞こえてしまうことがあります。

他の例を挙げますと、Why did you change the plan? は、字義通りには「なぜ計画を変えたのですか？」です。でもこれは、反語的に「なんで計画変えたの!? 変えるべきではなかったんじゃない？」的に受け取られるおそれもあります。言い方や文脈によっては。

だから、こういう場合には、What made you change the plan? や I wonder what made you change the plan. と言い換える方がいいです。上品ですし。**Why～? は What made you～? で代替できる**、と覚えてしまいましょう。

この「Why の危険性」は学校では教わらなかったと思いますが、Why で始まる文章は、「反語的に非難をしている」と受け取られるおそれがあります。気をつけましょう！

CHAPTER 4
英語を読む

4-1 やっぱり読書量―書くために読む

ここでは「読む」ことについてお伝えします。

■見たことのない英語は書かない

文章力は読んだ量に比例します。 s がつかない英単語のところでお伝えしたとおり、たくさんの文章に触れれば、「あれ、これ見たことないな。なんか変だな」と間違いや違和感に気が付くことができます。普段からできる限り文章をたくさん読むことで、文章力が養われるのです。

私は中学生、高校生のときに 6 年間、毎日、1 日 15 分の音読をしました。それくらい多く英語に接してきたことが、今の自分の英語力を支えています。

■毎日、音読を！

毎日・音読 15 分、シャドウィングなど

英語を話せるようになるには、まず音読が大事です。音読により、しゃべると同時に自分の耳で聴く。五感のうち複数を駆使するので記憶に定着しやすくなるのです。

音読は **1 日 15 分が目標**です。私は学生時代はしていましたが、実はこれはなかなか難しいです。私も数年前、もっと英語を勉強しようと思って 1 日 15 分の英語の音読に挑戦しましたが、挫折しました。音読はものすごく体力を使いますので、よほど気合を入れないと 5 分が限度です。でも大事なので、若いうちにやっておいてください。今が一番若いです。今では聴きながら同時並行的に音読するシャドーイングも有用です。小さい声でも自分の耳で自分の声が聴こえる「キオークマン」というヘッドフォンも、音読用ツールとしておすすめです。

■暗唱しよう

- 文法の「型」を叩き込む
- 「考えずに」しゃべる
- まず「口から」
- 読書百遍 意自ずから通ず

英語はとにかく「声に出す」のが非常に大事です。毎日声に出してしっかり音読してください。そして、重要な構文や好きなフレーズは暗唱をしてください。暗唱することにより、「考えずに」英語がしゃべれるようになります。**暗唱は「英語のOSをインストール」する作業です。**音読や暗唱の教材をいくつかご紹介します。

4-2 おすすめ教材

英語力向上のための教材を紹介します。

■おすすめ教材（音読用）

音読用のおすすめ教材を紹介します。

1. 暗唱構文
   - ・200文 ・大学受験用
2. 音読
   - ・DUO（例文で語彙力増強）
   - ・オバマの演説

英語学習には、何と言っても暗唱が大事です。重要な例文は暗唱して、英語の「型」を身につけましょう。この本の最後でサブ教材として200の暗唱構文をご紹介します。これは、私が大学受験指導で使った200個です。

これだけ暗唱すれば大学受験の基本的な文法をマスターできます。大学受験用ですが、ビジネスにも通用します。これらの意味が分からなければ、大学受験レベルの文法からやり直した方が良いかもしれません。とにかくこちらを暗唱しまくってください。

大学受験用以外に、この本で登場したビジネスでよく使う構文も8個、巻末に付け足しておきました。

2008年に大統領になったオバマを有名にしたのが、大統領になる前、2004年のジョン・ケリー民主党大統領候補への応援演説です。それまで、オバマのことは誰も知らなかったのですが、この演説で注目されるようになりました。”The Audacity of Hope" という名前がついて CD にもなっています。

この演説で、もう一つ指摘したいのが、演説中のジェスチャーです。ここがポイントだという部分で、**親指と人差し指と中指で丸**を作ります。日本ではあまり見ませんが、プレゼンの際の最も説得力がある手指のジェスチャーです。私も使っています。

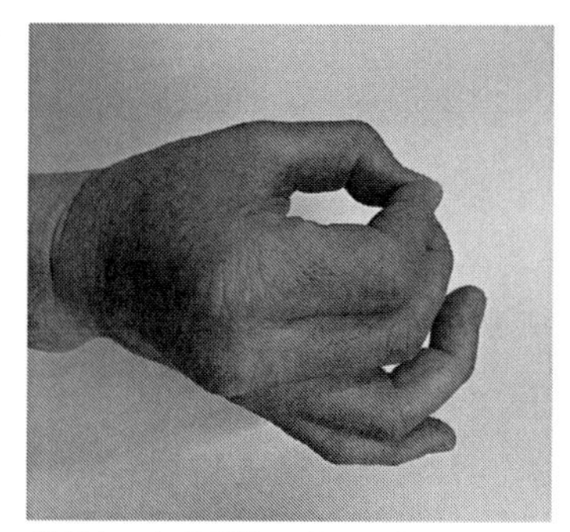
説得力のある手指のジェスチャー

■おすすめ教材（その他）

1. 英語落語　立川志の春
   ・Yale 大卒 ・元三井物産
2. 本
   ・斎藤兆史『努力論』『英語達人列伝』等

特に歴史が好きな方向けに、斎藤兆史さんの『英語達人列伝』という本のエッセンスを一つご紹介します。

明治時代、『茶の本』を世界的ベストセラーにした、東京芸大学長の岡倉天心がマンハッタンあたりを歩いていたとき、一人のアメリカ人に声をかけられました。

What sort of "nese" are you people? Are you Chinese, Japanese, or Jawanese?
(おまえたちは何「ニーズ」だ？　チャイニーズか、ジャパニーズか、それともジャワニーズか？)

岡倉天心がバカにされたんですが、さすが歴史に残る人は違います。以下のように言い返しました。

We are Japanese gentlemen. But what kind of "key" are you? Are you a Yankee, a donkey, or a monkey?
(私たちは日本の紳士です。ところで、あなたは何「キー」ですか？ヤンキーか、ロバ《のろま》か、それともモンキーですか？)

このように、ユーモアは素晴らしい、英語はかっこいいなと感じると、英語学習のモチベーションが上がります。

■おすすめツール

1. 英辞郎（PC）――ポップアップ検索が便利
2. ロゼッタ（AI 翻訳）―― TOEIC950 より遥かに上
3. DeepL （AI 翻訳）――同上

日々の業務効率化にぜひ使って頂きたいものです。私はロゼッタ（現メタリアル）という上場会社の翻訳の顧問をやっていますが、優れた翻訳ソフトです。英辞郎もぜひインストールしてください。この「ポップアップ検索」が英単語の意味を検索したり、適切な英語を探したりするのにとても便利です。

CHAPTER 5
英語交渉のテクニック

いろいろなケーススタディから交渉テクニックを学びましょう！

5-1 交渉の心構え

最後に、英語そのものではなく、交渉一般についてお伝えします。

■交渉術

1. 事前準備がすべて
2. 交渉は「対立」ではない
3. 会議を「支配」せよ

ここから交渉一般の話です。既にお伝えしたこともありますが、復習のつもりで読んでください。英語の交渉のみならず、日本語の交渉でも使えます。交渉術のポイントは、主に上の3つです。契約の具体例も、ケーススタディとともにご説明します。

■ WHY から始めよ

まず、アメリカ人コンサルタントのサイモン・シネックという方の「WHY から始めよ」という言葉をご紹介します。

WHY から始めると、相手に刺さりやすいということです。良い例が iPhone です。なぜ他の携帯電話でなく iPhone なのでしょうか。アンドロイドやサムソンよりもスペックがいいのでしょうか。おそらく、客観的なスペックがいいからではなく、WHY ＝なぜその製品を作っているのかという、コンセプトやデザイン性、またジョブズへの憧れからではないでしょうか。

アップルは、製品のスペックだけではなく、なぜiPhoneを作ったのか、Think different（人と違うことを考えよう）という企業理念を消費者に訴えています。そして、それに共感し、このブランドへの思いが購買意欲を掻き立てるのです。

このように、WHYから始めているのがアップルです。

一方、日本では日本車に乗っている方が多いですが、なぜ日本のトヨタや日産に乗っているのでしょうか。これはWHYからではなく、安いからとか安全だからという客観的なスペックからではないでしょうか。

交渉前に自己紹介するときなどにも、この「WHY」から始めましょう。自分がなぜこのプロジェクトに従事しているのか、この仕事にはどういう意義があり、自分はなぜこの場に立っているのか、などの主観的なパッションを語る。これが「WHYから始める」ということです。

■自己紹介のおすすめの本

全く同じことを、山中さんという方がおっしゃっています。この元外務省の山中俊之さん著『日本人の9割は正しい自己紹介を知らない』(祥伝社）という本は素晴らしいです。

上で触れた自己紹介の仕方などが書いてあります。中古でもアマゾンで数百円で売っていますので、ぜひ読んでみてください。

山中俊之著『日本人の9割は正しい自己紹介を知らない』（祥伝社）

コラム 5

教養としての大統領就任演説

アメリカ大統領の就任演説には、有名なものがたくさんあります。

〈 ジョン・F・ケネディ 〉

Ask not what your country can do for you. Ask what you can do for your country.

（国が皆さんに何ができるかではなく、皆さんが国に何ができるかと問いて欲しい）

〈 フランクリン・ルーズベルト 〉

The only thing we have to fear is fear itself.

（恐れなければならないのは、恐れることそのものである）

ケネディ大統領は、誰かに頼るのではなく、国民一人一人が自分の意思で国をつくっていってほしいという、力強いメッセージを演説に込めました。

また、ルーズベルト大統領は、アメリカが恐慌から経済的に立ち直るために勇気を持って前に出て進もう、間違いを恐れてはならないと訴えました。

アメリカ人と交渉するとき、一般教養としてこれらの演説を覚えておいて披露すると、「お、教養があるな」と思わせることができるでしょう。

■事前準備

1. Agenda（議題）を事前にメール
2. 文書ではナンバリングが重要
3. 選択肢を挙げて

前述したとおり、交渉は事前の準備がとても大事です。

アジェンダを作り、ナンバリングをする。ナンバリングに①（まるいち）（1）（かっこいち）は使わない。サブナンバーを入れたいときには、1.1（1 point 1）、2.2（2 point 2）などがわかりやすいです。そして、選択肢を提示します。選択肢（代案）の選定方法は「選択肢で考える」の項目（99ページ）を参照してください。

■会議の始め方

次は、ビジネス的な会議の始め方です。「人前で話すのは自信がないが、せめてちゃんと会議を進められるようになりたい」という方にぜひご参考にして頂きたい方法です。

1. アイスブレイク
2. 最初に議題を設定
3. ホワイトボードを使う

まずは、どんな会議でもアイスブレイクが欠かせません。いきなりLet's get started.（初めましょう）ではなく、まずはちょっと笑わせたり、軽い話題で場を和ませるのが欧米では一般的です。

笑わせようとすることは「笑いを共有しましょう」「一緒にやりましょう」というメッセージです。「独りよがりではない、selfishではない」というアピールにもなります。

最初は難しいかもしれませんが、「上手い人のやり方を学んで笑わせてやろう」という気概を見せてください。そうすれば、必ず反応してもらえるはずです。

そして、**最初に議題を設定します。**アジェンダを作成するのです。これは若手でもイニシアティブをとって行うことができます。

日本の会議でもアジェンダ設定は必要ですが、特に外国人との会議のときは、必ずやってください。オフラインのface to faceの会議だけでなく、電話会議でもオンライン会議でも必須です。また、ちょっとイレギュラーですが、私はオンライン会議の2分前にアジェンダをメールしたりします。

なぜでしょうか。基本的に私たちは英語が下手で、しゃべりでは負けます。だから「テキストでフォローする」ということが必要になってきます。「あのときこう言った」という証拠にもなりますので必ず議題は設定してください。

3番目のポイントは、ホワイトボードです。ホワイトボードは多用しましょう。ホワイトボードがないときは、タブレットや白い紙でも構いません。

私は海外に出張する際には、ホワイトボードやタブレットがない場合に備えて、A3の大きな紙を何枚か持って行ったりします。とにかく何かに書いてシェアしましょう。

■選択肢で考える

交渉（戦略設定）の「型」
1. 代案の洗い出し
2. プロコン表の作成
3. 徹底比較

交渉で相手方から出された対案の居心地の悪さに、思考停止になってしまう人が多いです。そうならないために、代案があるかどうか、あるならどんな代案があるのかを考えます。

戦略や選択肢を考える際には、まずはブレストをして、相手の喜ぶことのみならず、相手の嫌がることは何かも、すべて洗い出します。性格が悪いと思われるかもしれませんが、自分たちのしたいことのみを考えるのではなく、「相手の嫌がること」を考えてみましょう。きっと何かのヒントが見つかります。相手が嫌がるのは、交渉決裂か、金額か、上司からクビになることか、評判か。また、法律や契約取引の面だけではなく、タイミングや締め切りなどを含めたビジネス全体を見ながら、いろいろ考えます。このとき、BATNA（次善の策）を念頭に置くことを忘れないようにしてください。

そうやって代案の洗い出しをしながら、**必ず表を作ります。**頭で考えないで、とにかく「書く」ことがポイントです。

まず、オプションA、オプションBのように名前をつけます。オプション（選択肢）の数は3つ以内に収めましょう。その上で、メリット・デメリット（pros and cons）を書ける限りたくさん書き出します。Aのpros はBの cons で、B

の pros は A の cons になります。

Pro/Con 表

	メリット Pros	デメリット Cons
Option A	✓○○○○○○○○ ✓○○○○○○○○	✓○○○○○○○○ ✓○○○○○○○○
Option B	✓○○○○○○○○ ✓○○○○○○○○	✓○○○○○○○○ ✓○○○○○○○○

書き出すことによって、様々な視点が見えてきます。「簡単なので書かなくてもわかるだろう」と思っても、書き出して「見える化」してみると、案外いろいろな発見があるものです。

ノーベル文学賞作家ジョージ・バーナード・ショーも言いました。

I do not know what I think until I write it.
(書くまでは自分が何を考えているのかわからない)

要するに、「書かないとわからない」「書いてはじめて本当に理解できる」ということです。

ぜひ日頃から、こういう表（**プロコン表といいます**）を書くことを癖にしてください。

■戦略と戦術の違い

戦略　Strategy
・Goal は何か？
・What

戦術　Tactics
・Goal に（誰が）どうやっていくか？
・How　(who)

日本国語大辞典によると、戦略とは、「ある目的を達成するために、大局的に事を運ぶ方策。戦術より上位の概念」とあります。私の人生の最大の失敗は、司法試験が長くかかってしまったということなのですが、そこから私が人生をかけて学んだのは、**「戦略不足は戦術で補えない」**ということです。

1回間違った方向に戦略を設定したら、細かい努力をしても、徹夜してもダメです。方向性が間違っていたら、気合や根性をいくら出しても無駄です。

それと同じで、私たちの交渉においても、まず戦略として、「ゴールは何か」「大事なことは何か」を明確にし、その後、そこに行くにはどうすればいいのか（戦術）を考えます。まず「森」を見て、それから「木」を見るということです。

大きな目的が戦略で、それを達成するための手段が戦術ともいえます。とにかく、こうやって二段構えで考えましょう。

■交渉戦略と交渉戦術

これでは抽象論なので、具体例を挙げます。

戦略　Strategy
- 訴訟 / 全面戦争
- 和解 / 落とし所
- 決裂 / 泣き寝入り / 先送り

戦術　Tactics
- Goal に（誰が）どうやっていくか？
- 弁護士が？ 当事者が？
- 会って話す？ メール？ 手紙？ 内容証明郵便？

契約交渉でいうと、戦略と戦術は上記のように区別できます。

戦うのか、和解するのか、決裂してもいいのか、ペンディングにしてもいいのか、今期か来期か、などを描くのが戦略です。これは、部長・役員レベルがする場合が多いでしょう。

そして、それを戦術に落していくのが、部下の仕事です。しかし、誰が行くのか、誰がやるのか、弁護士がやるのか、などの戦術は、案外練れていないことがあり、慎重に決める必要があります。

■戦術（1）誰が伝えるか

交渉において、誰が伝えるか、というのは非常に重要な戦術です。

例えば、当事者本人だけなのか、弁護士が行くのかでも、それぞれメリット、デメリットがあります。弁護士が行ったら強力ですが、相手に不快な思いをさせてしまうこともあります。

誰が伝えるか

	メリット Pros	デメリット Cons
当事者本人	✓安い ✓友好的	✓舐められる / 攻撃力ない
弁護士	✓破壊力あり / 効果的	✓コスト高 ✓好戦的

■戦術（2）どうやって伝えるか

そして、どうやって伝えるか、というのも同様に重要な要素です。

本人がするのか、弁護士が同席するのか、弁護士だけなの

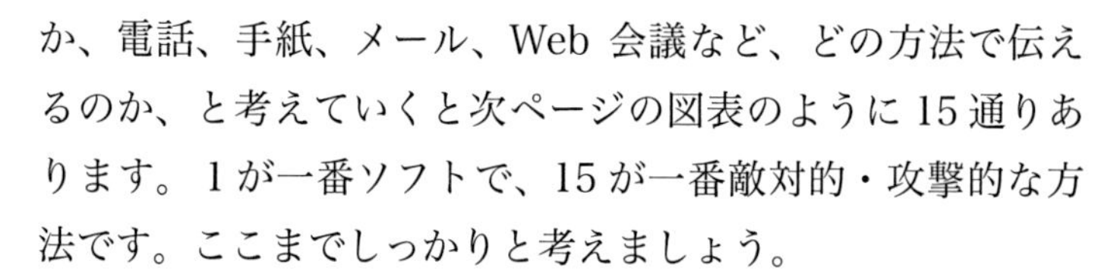

か、電話、手紙、メール、Web 会議など、どの方法で伝えるのか、と考えていくと次ページの図表のように 15 通りあります。1 が一番ソフトで、15 が一番敵対的・攻撃的な方法です。ここまでしっかりと考えましょう。

どう伝えるか

	会う	Web	Tel	メール	手紙	内容証明
当事者本人	**1**	2	3	4	5	6
当事者と弁護士	7	8	9			
弁護士	10	11	12	13	14	**15**

■会議を支配せよ

1. ホワイトボードを使用
2. アジェンダ権を握る。「書記長」になる

交渉一般のコツの話です。会議を支配する、リーダーシップをとるためにホワイトボードを使う、アジェンダを作ると、この本で何度もお伝えしてきました。

私は歴史が好きなので、ここで「書記長」という言葉を例に挙げます。歴史というのは、書いた人がいるから、それが歴史になります。**書く人が歴史を作ります**。

私たちが知らない歴史はたくさんあります。でも敗者は歴史を書けません。書いても、消されてしまいます。中国の歴史書は、そうやってみんな燃やされてしまいました。そして、その伝統を受け継いだ、共産主義国のトップは、みんな「書

記長」と呼ばれています。

皆さんも、交渉相手と会議をしたら、「書記長」として議事録を作りましょう。英語が下手だからと遠慮せずに、度胸を持ってぜひやってみてください。2、3回経験すれば、すぐにできるようになります。皆さんが作った議事録が、その後の交渉において有効な証拠になります。

■説得力は「リスクを取る覚悟」から生まれる

『ドラゴン桜』などを書いている三田紀房さんは、**「説得力はリスクを取る覚悟から生まれる」**と言っています。

本当にそのとおりです。弁護士の多くはリスクを取りません。皆さんも弁護士にいろいろと質問しても、説明はされても、はっきりとした答えが返ってこないことが多いのではないでしょうか。

私はそういう弁護士になりたくないので、「与えられている情報で戦ったら、6割勝てます」などと、大胆に数字で予測を言うことにしています。

数字を言って、リスクを取っています。その方がクライアントに対して説得力があると思うからです。人を説得するときにリスクを取るのは経験値が必要なのですぐには難しいですが、参考にしてください。

そのためにも、常日頃から、「数字で考える」クセをつけましょう。「たぶん〜だろう」と漠然と考えるのではなく、「〜する確率は60%くらい」などと、定量化・数値化するのです。これにより、思考・予測の解像度がすごく上がります。

コミュニケーションはギャンブルです。「あうん」でコミュニケーションをする、ハイコンテキストな文化を持つ日本人は、ローリスク・ローリターンです。はっきりと言う必要がないからです。ただ、説得力をつけたいなら、ハイリスク・ハイリターンのコミュニケーションをしましょう。

ハイリスク・ハイリターンのコミュニケーションが説得力を生みます。

■ Wrap up が大事

会議が終わったら、必ず wrap up（振り返り）をしましょう。そのコツは以下のとおりです。

- とにかく text で（書いて）確認
  ホワイトボード、メール
- 議事録
  自分で作る。相手方に作らせない
- Next Step / To do も
  いつまでに、誰が / 何を

何度も触れましたが、**議事録は絶対に自分で作りましょう。** 正直、他のことは忘れてもいいので、明日からでも、これだけは必ずやってください。まずはそこからです。

5-2 説得のコツ

さらに具体的に、交渉において相手を説得するためのコツをお伝えします。

■交渉は「対立」ではない

共通の Goal に向かって
- Win-win で
- 異性とのディナーで向かい合う？
- 自分の土俵に相手を「巻き込む」
- 会議は「背中」で引っ張る

交渉なので、どうしても相手と対立していると考えてしまいがちですが、対立ではありません。あいつを打ち負かしてやる、と思うとなかなかうまくいきません。

何かの縁があって、同じ交渉の場にいるわけです。お互いに win-win できないかと、ギリギリまで考えてください。confront（対峙）するのではなく、同じゴールへ、同じ方向に向いていると考えましょう。

例えば、異性とのデートで、向き合って座るのではなく、あえて横並びのカウンター席のあるお店へ行くことがあります。これは、正面で向かい合うよりも親密になれるからです。私も、「中山先生が会議を『背中で』引っ張ってくれた」とクライアントに言われたことがありますが、同じホワイトボードを見ることで、同じゴールへ進んでいるように感じるからでしょう。

また、なぜゴルフがメジャーなスポーツなのかというと、向かい合うのではなく、フェアウェイを同じ方向に向かって歩くからだ、と言われます。

このように、反対側に位置するのではなく、リーダーシップをとって、相手を自分の土俵に巻き込みながら、一緒にゴールへ向かうとイメージしてください。これは、ドイツ哲学（弁証法）の難しい言葉を使うと、アウフヘーベンと言います。対立するものと合わせて、一段上の概念・到達点を作り出すということです。

■弁証法

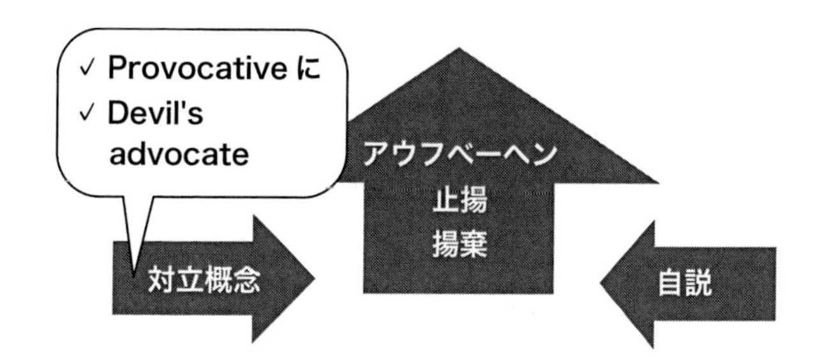

ここで、Devil's advocate（天邪鬼・悪魔の代理人）の話をします。英語で書いたのは、この概念は日本になく、正確な訳がないからです。これを直訳すると「悪魔の代弁者」ですが、要は、**「わかっているのに反対する人」**という意味です。「なんでも反対する」昔の社会党のようなイメージです。

皆さんの周りに、とにかく部下の見解に反対する上司はいませんでしょうか。ちなみに私は、そういう上司に鍛えられました。「本当に？中山くん、本当にそれでいいの？」と、何かにつけて質問されました。そうやって議論を洗練させます。それがデビルズアドボケイトの役割です。弁証法で「正・反・合」といいますが、反対意見と合体させるようにして、より良いものを作り出すのです。

交渉相手が、仮に何でも反対してくる人だった場合、このデビルズアドボケイトを演じているかもしれません。100人に1人くらいは実際にそういう人がいます。

このように、あえてprovocativeに、好戦的な討論を巻き起こすことによって、議論を研ぎ澄ますやり方がある、ということも覚えておきましょう。私も、上司に鍛えられたように、部下に対する教育はいつも、「本当に？これでいいの？」とprovocativeにやっています。

■常に理由は複数ある

相手方の提案に反対するときは、その理由をなるべくたくさん挙げましょう。**理由というのは常に複数ある**ものです。常に複数の理由を用意してください。これは英語の交渉に限りません。世の中の事象、家庭内のイザコザ、その他すべてに複数の理由があります。

理由が一つしかないと思うのは短絡的な考えです。これを中国の古典で「春秋の筆法」と言います。例えば、もし上司に「お前はこういう性格だからこういうミスをするんだ」と言われたら、カチンとくると思います。「お前はこうだからこうなんだ」などと一つの理由に執着してはいけません。常に理由は複数あるものだと考えましょう。

皆さんが交渉で拒絶するときも、要望を通したいときも、それが価格の問題なのか、タイミングなのか、機嫌が良い悪いなのか、人脈や人事の話なのか、品質なのか、為替の問題なのか、いろいろ理由があります。

常にブレストして、それらをリストにしてください。そして、それらの複数の理由を相手に伝えましょう。理由が一つだと、それが跳ね返されたときに、ぐうの音も出なくなります。常に理由はビシッとたくさん書く、そういう癖を付けてください。

■ Negotiable か Non-negotiable か

理由の検証の際に区別すべきことがあります。negotiable なのか non-negotiable なのか、つまり交渉可能かどうかという点です。

例えば、アジアの財閥では、社長と副社長が兄弟であったりするような家族企業も少なくありません。それゆえ、人事面は社内ではどうにもならず、コーポレートガバナンスが機能しないことがあります。「80 歳の会長の考え方を変えるのは到底難しい。そこを押しても無駄だな。会長の愛人がいるな。会長はいとこの話は聞くらしいな」など、そういった人事戦略まで描きながら、どこが negotiable なのかを考えます。

これが理由をたくさん考えるということです。契約書だけでなく、こういう人事情報も結構重要です。

■プレゼンは「説明」ではなく「説得」

私は、日本語でも英語でも、世の中のコミュニケーションは、すべてプレゼンだと思っています。プレゼンテーションという英語の語義は、要するに「表現」です。ところが、日本人はプレゼンという言葉を間違って解釈をしていて、とにかく「説明」しようと思ってしまう方が多いようです。

しかし、プレゼンは**「説明」ではなく「説得」**です。両者の違いは「気迫がこもっているか」です。

いろいろな場所で、さまざまな方のプレゼンを見てきましたが、主観、ミッション、情熱が足りないように感じます。プレゼンする番なので「仕事だから仕方なくやっている」とか「上司からやらされて」「パワポで頑張りました」そんなプレゼンばかりです。

伊藤羊一さんの著書『1分で話せ』(SBクリエイティブ)にも書いてありますが、人は8割方、人の話を聞いていません。誰かに何かを伝えるというのは、思ったよりもハードルが高いのです。人の話を聞いていない人に聞いてもらう必要があるのですから。ということは、普通に「説明」をするプレゼンでは伝わりません。気迫を込めた「説得」をしないと伝わりません。

■共感を得てハッピーな未来を描く

私は、昭和49年生まれです。昭和のマッチョ世代に鍛えられた世代です。お前ら会社の言うとおりにやれ、みたいな感じです。しかし、平成になって組織がフラットになり、メリットを「説得」して「納得」（腹落ち）してもらわないと若手に動いてもらえない時代になってきました。

20代・30代の平成生まれの社員をイメージしてください。この令和の若者は、上司が提示するベネフィットに「共感」しないと動いてもらえません。

若手の共感を得るために

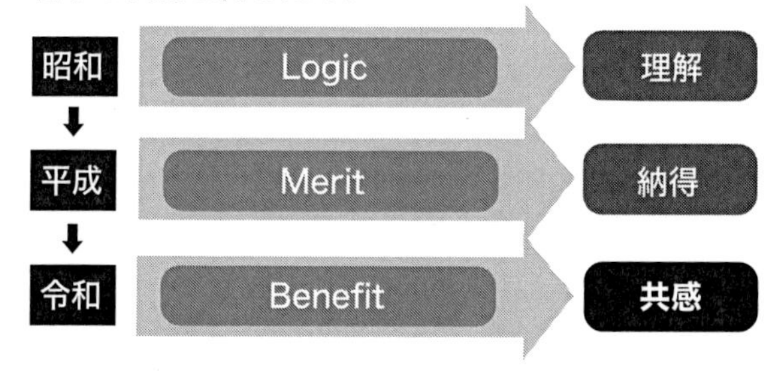

副業が解禁されて、新入社員の3割が3年以内に辞める時代です。要するに、若手世代とのコミュニケーションでも、「共感」が大事になっています。

このように、本書のテーマである英語の交渉のみならず、若手とのコミュニケーション一般においても納得（腹落ち）」、そして、聞き手にとってハッピーな未来を描いて「共感」してもらうことが非常に重要です。

プレゼンに必要なのは「説得」「気迫」そしてハッピーな未来を描くことなんです。

■アリストテレスの弁論術

この「共感」に関連して、アリストテレスが提唱していた弁論術を紹介します。

エトス…話し手の魅力（この人になら騙されてもいいと思えるか）
ロゴス…話の内容の正しさ（論理明晰であること）
パトス…聞き手の気分（感情に訴える）

❶エトス

まず、「エトス」は信頼できるということです。例えば、信頼できる人かを判断する場合、ネクタイを締めているか、丸の内に勤めている人なのか、勤務先は上場しているのか、などを見るかもしれません。また、礼儀正しいか、清潔感があるか、英語を上手に話すか、などもポイントになります。これが「エトス」であり、**話し手の信頼性**を表します。

❷ロゴス

次に「ロゴス」は**話の内容**です。内容が正しく、わかりやすく、論理明晰であることです。

❸パトス

「パトス」は**情熱や感情**です。エトスやロゴスより主観的なものです。ここで、empathy/empathetic という言葉を紹介します。これは、この本である意味、最も重要な英単語です。

皆さんは、大学受験時代、sympathy/sympathetic（同情、哀れみ）という単語を習ったと思います。ところが現在、この２つはやや時代遅れで、どちらかというと使うのが恥ずかしいものになってしまいました。言葉も日々、時代によって進化しているんですね。

では、代わりに何を使うかというと、empathy/empathetic です。Google トレンドで調べると、利用頻度がグッと伸びているのがわかります。違いは、sympathy/sympathetic は上から目線、empathy/empathetic は下から、または、対等な目線的の表現といって良いでしょう。

例えば、empathy/empathetic は、「私も同じ失敗したことあるから、私もその病気になったことがあるからわかります」というようなニュアンスで使います。パトスとは、そういった empathy を持ち、聞き手の感情に訴えるというものです。

■パトスが重要

次に、日本人に足りない、この「パトス」をさらにご説明します。

ラポール…フレンドリーな雰囲気を
Empathetic …相手方の立場に立って
主体的に「聴く」⇔ 受動的に「聞く」

「ラポール」とはフランス語で、フレンドリーな雰囲気という意味です。

例えば、アイスブレイクです。いきなりスピーチから入るのではなく、まずはアイスブレイクでちょっと人を笑わせてラポールを築いてから始めましょう。これが「パトス」(共感)を得ることにつながります。最近は「チェックイン」ともいいますね。

アイスブレイクできる人は余裕があるように見え「この人の話を聞こうかな」という気にさせます。この点で、アイスブレイクは「エトス」(信頼性)にもつながります。

また、相手の話は門構えの「聞く」ではなく、耳へんの「聴く」で臨みましょう。耳へんの漢字の方が、「耳」と「目」と「心」を使って十分にしっかりと聴くことにつながります。

■日本人はプレゼンが苦手

日本はハイコンテクスト文化で、「あうん」の呼吸でコミュニケーションをしているため、プレゼンすることに慣れていません。例えば、皆さんは小さい頃、保育園や幼稚園でプレゼンをやっていたでしょうか? 週末起こったことを月曜日に人前で話す訓練をしていたでしょうか? おそらくほとんどなかったと思います。

一方、ローコンテクストのアメリカ人は、5歳くらいから人前で話すことの教育を受けています。そのため、このアリストテレスの弁論術の考え方、特にエトスやパトスの重要性は、自然に身についています。ここが欧米人と日本人との圧倒的な違いです。

■エトス・パトスを身につける方法

相手と仲良くなったり、信頼してもらうためには、共通項を探すのが一番の方法です。「私は野球が好きです」「そうなんですか!私と趣味が同じですね」など、共通項をお互いに見出すというのが、世界共通の鉄板のやり方です。

そこで、外国に出張に行った際には、外国人との**最初の挨拶くらいは現地語**でしましょう。

現地語のあいさつ

	こんにちわ	ありがとう	乾杯
タイ	サワディカップ	コップンカップ	チョン・ゲーウ
インドネシア/マレーシア	スラマッパギ	テレマシカ	スラマット・ミヌイ
フィリピン	マガンダン ハポン	サラマッ	マブーハイ
ベトナム	シンチャオ	カムオン	ヨー
インド	ナマステ	タンキュー	アラック
ドイツ	グーテン ターク	ダンケ	プロスト
フランス	ボンジュール	メルシ	サンティ
スペイン	オラ	グラシアス	サルートウ
ポルトガル	オラ/オイ	オビリガード	サウードウ

私は日本国内でもコンビニの店員さんが外国人だったら、必ず「どこから来たんですか」と話しかけるようにしています。

ネパール人だったらネパール語で「ありがとうございました」と言ったり、モンゴル人の店員さんに対して、「モンゴル語のサンキューは何て言うの？」と聞いたりして会話をしています。これは、初対面の人とラポールを構築するとてもいい練習になりますので、ぜひやってみてください。

あと、皆さんが行く国の挨拶は現地語でぜひ覚えましょう。海外の人とコミュニケーションする上で、これは相手に対するリスペクトです。私たちも外国人から片言で、「アリガトウ」

コラム 6

ヨーロッパの首都を覚えよう

皆さんは、北欧3か国の国名が言えますか？

ノルウェー・スウェーデン・フィンランドですが、8割くらいの人は言えるでしょう。では、この北欧3か国の首都を言えますか？おそらく、ほとんどの日本人はパッと言えないのではないでしょうか。オスロ・ストックホルム・ヘルシンキなんですが、私は一生懸命覚えました。これを知らないと、ヨーロッパの人からしたら、とても恥ずかしいことだからです。

例えば、ヨーロッパの人が日本に出張に来て、「日本の首都、ソウルはね」と言っていたら、何を言っているのだと思われても仕方ないですね。それと同じぐらい、私たちはヨーロッパ的なことを知らずに恥をかいています。

遠い所にいると、「去る者日々に疎し」というように情報が入ってきません。地理的に離れているだけで、私たちはとても無知になってしまいます。せめてヨーロッパ出張や、ヨーロッパ人とZoom会議をする前には、**首都くらいは覚えておきましょう。**

ヨーロッパの首都

国名	首都
アイルランド	ダブリン
イギリス	ロンドン
フランス	パリ
ドイツ	ベルリン
オランダ	アムステルダム
ベルギー	ブリュッセル
スイス	ベルン
スペイン	マドリード
ポルトガル	リスボン
ノルウェー	オスロ
スウェーデン	ストックホルム
フィンランド	ヘルシンキ
デンマーク	コペンハーゲン
ポーランド	ワルシャワ
チェコ	プラハ
スロバキア	ブラチスラバ
ハンガリー	ブタペスト
オーストラリア	ウィーン
ルーマニア	ブカレスト
ギリシャ	アテネ

「コンニチワ」と言われたらちょっと嬉しいですよね。

また、人種で分けてしまうのはあまり好きではないのですが、ざっくり欧米とアジアで見た場合、このラポールを築くために、欧米では共通に理解し合える教養のある会話や、聖書ネタを話に織り交ぜることが多いです。

一方、アジアでは、まず家族的に友達になろうとする傾向があります。例えば、私が５年前、フィリピンの弁護士と仕事をした際、いきなり、「タツ、フィリピン来るときには一緒にゴルフをしよう」と言われ、顔も見たこともなければ、仕事もまだ何もしていないのに、いきなりゴルフに誘われたことがあります。まず仲良くなろうということですね。

■プレゼンの獲得目標

プレゼンに興味ある人にお聞きします。日本で一番プレゼンが上手い人は誰でしょうか。ご存知ない方はぜひ、Microsoft にいた澤円（さわまどか）さんという方を知っておいてください。本を何冊も出版されています。澤さんがよく言っているのがこちらです。

1. プレゼンは「説明」ではなく「説得」
   - 説得しようという気迫
   - 聞き手にとってハッピーな未来を描く

2. プレゼンの「核」を意識
   - 聞き手が、誰かに伝えたくなるように
   - 伝言ゲームができるような「刺さる言葉」を選べ

この２．の「核」というのは、難しい言葉ではなく、平易な言葉で覚えやすいフレーズを多用しましょうということです。ぜひ澤さんの本を読んで、参考にしてください。

■プレゼンの３Cと３P

プレゼンの「３C」や「３P」と言われるコツがあります。日本語のプレゼンでも重要ですが、英語のプレゼンの場合はさらに意識しましょう。

■プレゼンの３C
Clear（明確に）
Crisp（簡潔に）
Concrete（具体的に）

とにかくわかりやすくする。これが鉄則です。日本人が普通にプレゼンしようとすると、どうしても説明過多で長ったらしくなります。余分なこと、争点と外れること、ノイズになりそうなことは思い切って削って、「日本人らしくない」パワフルなプレゼンをしてください。

■プレゼンの３P
Preparation（３つ以内にまとめる）
Practice（大声で＆ストップウォッチ / 録画）
Passion（原稿を読まずに）

3Pは準備を劣らないということです。たかだか5分10分のスピーチでも、「もうこれ以上の準備はできない」と言えるぐらいまで気合を入れてやりましょう。

■ポイントは3つ以内

さらに具体的なプレゼンのコツをお教えします。

まず、これから話すポイントを、「1つ目では…、2つ目では…、」などナンバリングしながら、ざっくりと説明します。

ポイントは3点以内にしてください。 4、5点以上話しても通じません。日本人が下手な英語で4つ、5つも話したら、なおさらわかりにくくなります。多すぎたら、項目を小項目に整理して、必ず3つに絞ってください。

そして、プレゼンの最後に、何がポイントだったかをおさらいしてから終了します。人は一度聞いただけでは、すべて頭に入りません。最後にダメ押して、その3点を繰り返すことによって要点を再確認し、より理解してもらえるようになります。

プレゼンは、最初に話すポイントを説明→内容は3点以内→最後に何を話したかをまとめて締めるのがコツです。

■国際会議での成長モデル

私は、毎年のように国際会議に出てきました。弁護士になって1年から5年目も、自腹で10万円するような登録料を支払って国際会議に行っていました。私の国際会議における成長モデルを振り返ると、以下のようになります。

（国際会議での成長モデル）

1. 1～5年目…質問もできない
2. 5年目くらい…質問できる
3. 5～7年目…スピーカーになれる
4. 7～10年目…司会ができる
5. 10年目～… モデレーターができる

このように私も、最初は国際会議に行っても人の話を聞いているだけでした。でも、留学を終えた5年目ぐらいから、ようやく質問できるようになりました。質問する度胸がついてくると、今度はスピーカーになれます。スピーカーは原稿がありますから、ある程度簡単です（原稿はなるべく読まない方がいいですが）。

さらに経験を積むと、司会もできるようになります。司会は型にはまっているので、実は意外に簡単です。一番難しいのはモデレーターです。さまざまな国の人が話しているところを「ちょっと待ってください」と話を途中で切って、「あなたの言っているのはこういうことですね」と臨機応変にコメントを挟みつつ、時間を管理しながら会議を進めます。このモデレーターはレベルが高いので、そこに行くまでにおそらく 10 年くらいかかります。私も時間がかかりました。ぜひ皆さんも、積極的に人前に出ることにチャレンジしてみてください。

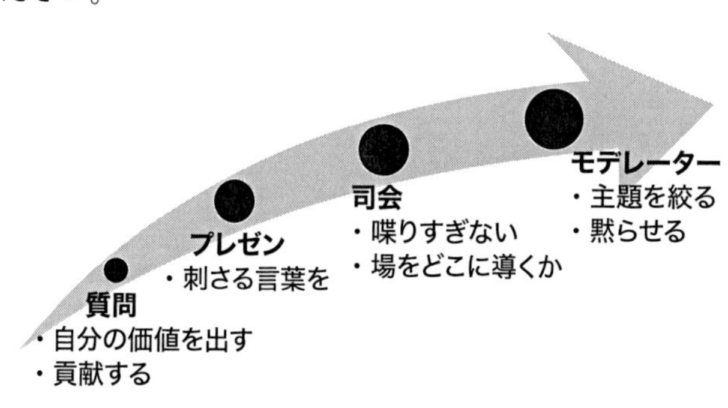

5-3 ケーススタディ

私が経験した事例を基に、６つのケーススタディをしながら交渉一般の考えを学びましょう。以下の考えは、英語のみならず、日本語の交渉でも通用します。

■ケーススタディ（1）――肉を斬らせて骨を断つ

こちらは数年前、実際に私が依頼を受けた話です。

・貴社情報を元従業員Ａが漏洩
・そのＡは退職
・Ａに責任を認めて欲しい
・Ａからの損害賠償は不要

会社の情報をＡが漏らしてしまい、辞めていきました。当然、責任を認めてほしい。ただし、共犯者のＢが500万円ほど既に払って損害はカバーできましたので、会社としてはお金は要りません。しかし、Ｂは謝ったのにＡは謝らないので、会社としては腹の虫がおさまらない案件です。

論点は、「Ａが責任を認めるか」「お金をいくら払うか」の２つです。相手方Ａは「10万円払います」と言っていましたが、クライアントは、「私たちは、とにかくＡに責任を認めて欲しい。お金については、中山先生にお任せします」ということでした。

ですから、この事例では「メインは責任で、お金はサブ」ということになります。

当方の提案は？

論点	重要性	相手方	当方
責任	メイン	認めない	認める
賠償額	サブ	10万円	？

そこで、会社がAからもらうお金の交渉は10万円がスタートとなりますが、皆さんでしたらいくらを提案しますか？

結論としては、ここはサクッと10万円を大幅に上回る100万円を提示してください。たとえクライアントが「10万円でいいです」と言っていても、100万円を提示します。この戦略を「肉を切らせて骨を断つ」と言います。

Lose the battle to win the war.
肉を切らせて骨を断つ

大きな戦争（war）に勝つために小さな戦い（battle）でわざと負ける。メインを取るための、小さな妥協です。

10万円を100万円に上げて交渉をスタートすることによって、バッファー（ゆとり）をつくっておきます。100万円ドカンと提示することによって、90万円のバッファーを作りました。つまり、結局は10万円に下げて妥協した場合に、「90万円譲ったんだから、こちらの言い分どおり、責任を認めてください」と相手に主張ができるからです。

これは「返報性の原理」という心理的テクニックを使っています。「そっちを譲ったんだから、こっちは譲ってください」という情（パトス）に訴える方法です。

このように、一般的な交渉においては、総花的に、どうせ譲るかも知れない主張をしておく。それが返報性の原理という人間心理の作用により、有利に働く可能性があるからです。

影響力の武器

6原則	具体例
返報性	手土産、お歳暮、お中元
一貫性	一筆書かせる
社会的信用	周りもやっている／売れている商品
好意的	共通項／お世辞
権威	スーツにタイ
希少性	閉店セール

営業や広告担当の人は、この返報性の原理を学んだことがあると思います。もし知らなかったら、ぜひ、ロバート・B・チャルディーニ著『影響力の武器』（誠信書房）という本を読んでください。

世界的なベストセラーで、営業マンのバイブル的なものです。返報性の他にもいろいろな人に影響を与える方法があり、まさに影響力や説得の武器になります。交渉する上でとても役に立ちます。

ロバート・B・チャルディーニ著
『影響力の武器』（誠信書房）

■ケーススタディ（2）――自ら首を締めさせる

これは、私が昔の職場で、人事抗争みたいなものがあったときの話です。上司がAで、私がBの中間管理職、そして私の後輩がCです。

> 上司A：後輩Cは悪くない。B君が悪い。
> 部下B：いや、後輩Cにも問題があります。
> 上司A：後輩のミスは、すべて先輩の責任。
> 　　　　だからCのミスは、すべてB君の責任！
> 部下B：では、私Bのミスは、誰の責任ですか？

後輩Cが失敗をしたときに、私は上司Aに、「後輩CではなくB（中山）が悪い」とたしなめられました。「Cにも問題があります」と私が反論すると、「後輩のミスはすべて先輩の責任だから君が悪い」と上司Aに言われました。

私はこれを言われた瞬間、しめたと思いました。「後輩のミスがすべて私の責任なら、私のミスもあなたの責任になってしまいますよ」とチクリと言い返しました。相手が使ったロジックを使って、相手を攻撃したのです。

つまり、**ブーメランのように自分で自分の首を締めさせる**方法です。交渉ロジックで一番強力なのがこれです。相手のロジックで相手の首を絞めさせることを、英語ではこう表現します。

Let him shoot himself in the foot.
自分で自分の足を（自分の拳銃で）打たせる

「天に唾する」とも言いますが、相手の論理で、相手をやり込める方法です。特に、ロジックがめちゃくちゃな詐欺師的な相手を論破するときに使います。しょっちゅう使えるテクニックではありませんが、これができたら最強です。

■ケーススタディ（3）──アンカリング

これは、私が20年前に体験した例です。司法試験に受かった後、司法修習生として、実際に被疑者を取り調べる機会がありました。

被疑者：お酒を飲んでいたので、犯行のことは全く覚えていません。
検察官：では、その前後は何をしていたの？
被疑者：テレビで野球を見ていました。巨人ファンでして、その日は上原が投げてまして…
検察官：そこまで仔細に覚えているのに、肝心な犯行だけ、すっぽり記憶がないなんてことはないよね。

横浜のドヤ街にいる酔っ払いのおじさんが、刃渡り20cmの刃物を持っていて銃刀法違反で逮捕されました。取調べでその人は、「お酒飲んでいたので覚えてません」の一点張りです。

何言っても吐かないので、参考までにその日の出来事を話してもらいました。

すると、「テレビで巨人の野球を見ていて、上原が投げてね、10─0でバカ勝ちして…」と、やたら詳しく覚えています。「よっぽど巨人が好きなんだなぁ。でもそれ犯行の直前か直後なのに、肝心の犯行のことだけ覚えてないのはおかしいよね」などと問い詰めたら、「すいません。嘘ついてました」となりました。

ウソ付きが、しゃべりすぎてボロを出した一例です。このようにいつも上手くいくとは限りませんが、一般的には、詐欺的な人には以下の手段が有効です。

（1）Yes or No で，明確に答えさせる（アンカリング）
（2）論理の矛盾を突く（ボロを出させる）

⑴ については、やましいことがあると人は Yes/No で明確に答えることができません。それでも、言い逃れしようとする人に対して、何度も「それで、結局、Yes なのか No なのか」と問い詰めてください。

こうやって、1つひとつの事実について、相手の立場（言い分）を明確にさせることを**「アンカリング」**といいます。錨（いかり）（アンカー）を下ろすことから来ています。弁護士が法廷での反対尋問に使う工夫です。

⑵ については、ケーススタディ⑵ の「相手の論理を使う」ということです。一般的に、詐欺師ほどよくしゃべるので、「とにかくしゃべらせてボロを出させる（論理の矛盾を突く）」というのが、詐欺的な相手に対処する効果的な方法です。

いろいろなケーススタディに交渉術のヒントがあります。是非、自分のものとして、実際の交渉に生かしてください。

■ケーススタディ（4）――エトスを使った例

エトスとは人間的な魅力という意味ですが、こちらは私が人間的な魅力にコロッとやられてしまったような例です。

10年ほど前、クライアントと弁護士費用のことでもめてしまいました。弁護士費用の支払いがなく、訴訟するかしないかというときに、相手方の会社の番頭さんみたいな人が出てきました。

- 数年前、ガンになりまして…
- 人生はね、お金云々ではなく、今度どこかですれ違ったときに、「あ、中山先生こんにちは！」と、気持ちよく挨拶できるような関係を築くこと、そういうことが大事だと思うんですよ…
- これは、私が個人的に、お世話になったのでお支払いしたいお金です…
- あとで、どれくらいもらえるかわかりませんけど、会社には私から請求します…

その方がとてもいい人で、「私は数年前、ガンになりましてね。人生は金でないと感じています。これで中山先生にお仕事を依頼する関係は終わりましたけど、私は今後、道端でちょっとすれ違って、中山先生、こんにちは、と気持ちよく挨拶できるような関係を築くことが大事だと思うんですよ。それはともかく、私が個人的に中山先生にお世話になったので、私が立て替えてお支払いしたいです。会社には私から請求しておきますから、私の気持ちとして、払わせてください」

と言われました。

どこまで本当かわかりません。むしろ、本当にポケットマナーから立替払いをしているのでなく、会社のお金で払っているのだろうとは思っていました。でも、とてもお世話になったので、まあ**この人になら騙されていいかな**と思い、その方の提案どおりの解決にしました。

このように、人間的魅力で解決するのが、まさにエトスです。これは経験を積まないと使えないテクニックかもしれませんが、ご参考にしてください。

■ケーススタディ（5）――パトスを使った例

こちらは、パトスを使った例です。こちらも私が20年前、司法修習生として、実際に被疑者の取調べをしたときのことです。

- 男性が、女性を誘って性交し、お金を払わず逃げた事案
- 検事A：強気で、真面目に
- 検事B：いやあ、俺もスケベだから、あなたの気持ちがよくわかるんですよね…

女性を誘ってセックスをして、お金を払わないで逃げた男性が逮捕されました。精神的なSMプレイをして、変な誓約書を書かせたことが強要罪とされた複雑な事案でした。私と一緒に取調べをした検事役の修習生が、「お前ふざけんな。嘘ばっかり付きやがって！」と強気に言っても、全く真相を吐きません。

どうしようもなくなったときに、私は、被疑者に同情をするふりをしてみました。前述した、empathy（エンパシー）です。

犯罪者の気持ちは全くわかりませんでしたが、スケベな気持ちがわかるスケベな中山を装ってみました。すると、案外心を開いてくれて、事案が明らかになり、一件落着しました。

■ケーススタディ（6）――コーナリング

ボクシングでコーナーに追い詰めるということを「コーナリング」と言いますが、同様に、私たちの交渉はほとんどすべてコーナリングです。

このテクニックは弁護士として毎日のように使っているので、「これ」という適切な例が見当たりませんが、「A コーナーも、B コーナーも、C コーナーもダメです。だから D しか残っていませんね」というように、自分の求めるゴールへ導く方法をコーナリングと言います。

皆さんが「何か相手に条件を飲んでほしい」というときは、すべての選択肢を挙げて、「これもこれもダメだから、君にはこれしかないよ」というやり方です。

このコーナリングをする際には、**「相手が何を嫌がるか」**を相手の立場に立って考えましょう。ただ漫然と相手方に選択肢を提示するのではありません。自分が望む選択肢に相手を誘導するために、「それ以外の選択肢を相手が嫌がる」状態にして示すのです。

ただ、これを下手にやりすぎると、脅しになってしまいますので、公序良俗違反にならない程度に加減してください。

5-4 契約交渉の極意

最後に、交渉を契約に落とし込む際の「極意」をお伝えします。

■目指せ白洲次郎！

白洲次郎は、戦後の日本で吉田茂の通訳をやっていました。ケンブリッジで学んだイギリス仕込みの英語を上手に話す人でした。彼はその立派な英語を使って、日本とアメリカ間の折衝をしました。そのときに、「マッカーサーさん、彼ら（日本人）のやり方（their way）も分かってあげましょうよ」と言いました。

白洲次郎は日本側なので、our way 「私たち日本人のやり方」と言うのが普通です。しかし、そうすると完全に日本サイドからの意見としか思われません。そこを**あえて、their way という英語を使いました**。「彼らのやり方」と言ったのです。

実際、彼が手紙で書いたもの『Jeep way letter』が残っ

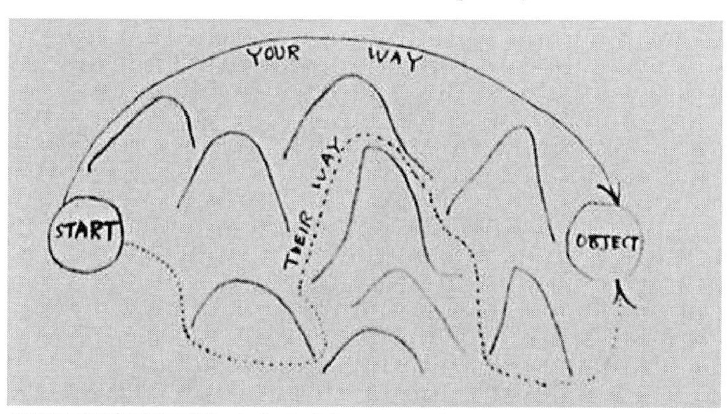

白洲次郎が手紙で書いたもの『Jeep way letter』
（出典：国会図書館 HP より）

ているのですが、私はここに素晴らしい彼の交渉のテクニックを見出します。当事者になり切らず、少し距離をおいて、**相手の語彙を使う**のです。これにより、「コイツは話ができる奴だ」と思われて、相手方からいろいろな情報が引き出せるのです。アリストテレスの弁論術で言えば、「エトス」を身にまとうテクニックです。

■山岡鉄舟のテクニック

幕臣の山岡鉄舟（鉄太郎）も、白洲次郎のような「味方べったり」ではない、相手の懐に入るテクニックを使って明治維新を導きました。

戊辰戦争で官軍（西軍）が江戸に迫っているとき、無血開城を目指し、幕府軍（東軍）から山岡鉄舟（鉄太郎）が西軍に面談に行きました。問答無用で斬られる恐れもありました。

しかし、山岡鉄舟は、「朝敵慶喜家来、山岡鉄太郎まかり通る！」と叫んで、官軍の度肝を抜き、官軍の西郷隆盛と成功裡に面談できました。幕臣が将軍を「朝敵慶喜」と呼ぶことなどあり得ない時代。その状況で、幕府側なのに官軍の語彙を使って懐に入ったのが、山岡鉄舟のテクニック。この**「相手の立場に立って、相手の語彙を使う」**テクニックは、交渉一般において「味方（自社）べったりにならない」姿勢として参考になります。

■交渉の立ち位置

皆さんにも、白洲次郎や山岡鉄舟のようになって頂きたいです。皆さんが会社の代理、会社の代表として交渉する際、会社べったりの発言ばかりをしていると情報が入ってこなくなります。

自分の会社を仮想敵のようにして、相手の立場からしゃべることによって、「この人は第三者的に客観視（メタ認知）して、自分の会社がどういう立場にあるかがわかっているな」「話のわかるやつだ」という印象を与えることができます。

こういうときによく使う便利な英単語をご紹介します。meticulous（細かすぎる）という単語です。これは、日本人や日本企業の悪いところを強調する文脈で使えます。日本企業の決裁の稟議・形式主義・官僚的な馬鹿丁寧な部分をmeticulous と形容します。

例えば、白洲次郎的に「御社の気持ちもわかりますが、当社のような日本企業は何度も決裁稟議を経るような、ちょっと meticulous なところがありまして、どうかご理解ください」みたいな感じです。

このように**第三者的に立つ**ことにより、情報がたくさん集まって、交渉が優位になります。

■「二段構え」の鉄則

また、この第三者的に立つことは、「二段構え」の鉄則でもあります。交渉の先頭に立つ皆さんが、必ずしも会社の考えそのものでなく、それとは異なる独自の考えをサウンディング（探り）として相手にぶつけてみるのです。

交渉力の多くは、この**「サウンディング能力」**です。交渉担当の皆さんは、会社からこの「サウンディング機能」(探りを入れること）が求められて、その裁量が与えられているはずです。

このように二段構えでサウンディング機能を果たすことは、「代理人の私はダメでも、会社の部長の決裁がありますよ」という**二段構えで、バッファや余裕を作る**メリットもあります。部長や決裁者の考えよりもアグレッシブな、より自社に有利な考えをぶつけてみてください。それで相手の反応を探るのです。白洲次郎や山岡鉄舟的に会社と一歩距離をおき、交渉力（＝サウンディング能力）を発揮しましょう！

■契約の獲得目標は？

相手方の義務	当方の義務
最大化	最小化

皆さんが交渉したことは、すべて契約に反映されていきます。では、そもそも契約とは何でしょうか？

それを知るには、まず契約の目標・存在意義は何かを明確にしましょう。契約の獲得目標がわからずに、契約をしたり、作ったりしている人が意外に多いです。

契約というのは、端的には**「契約違反した相手から、お金を取るための手段」**です。常に、エンドの部分、すなわち相手方が契約を破った場合をイメージして、すべての情報を書いてください。それをイメージせずに「仲良く取引しました、契約しました」では何の意味もありません。

相手方が契約違反をしたときに、「しっかりとお金が取れるか？」それだけを考えてください。私も新米弁護士のとき、ボスの弁護士からこの契約の真髄を教わりました。要するに、契約においては**「相手方の義務を最大化し、こちら側の義務を最小化すること」**が大事です。

契約交渉というのは、このように契約上の義務の範囲を広くしたり狭くしたりすることです。

次に大事なのは、サービス提供に対する、代金支払時期の調整です。こちら側が商品・サービスを供給するのなら、できるだけ前払いに近づける。一方、逆に商品・サービスをもらう方だったら、サービス内容をチェックする時間的猶予を設けて、できるだけ後払いにする。

ざっくり言えば、契約のポイントはこの２点（義務の範囲と代金支払時期の調整）だけです。

■紛争解決――海外裁判の問題点

次は紛争解決条項です。国際契約では、裁判か仲裁かを選ぶことになりますが、基本的に裁判の結果は、他国では執行できません。裁判というのは、**「国をまたぐと紙切れになってしまう」**と思ってください。

先進国同士では、国をまたいだ裁判の執行はありえますが、途上国ではまず無理です。だから執行までを考えると、仲裁の方が有利になります。これはぜひ知っておいてください。

しかし、仲裁人報酬は非常に高額です。仲裁人とは誰かというと、大手事務所の 50 歳以上の国際弁護士です。

そういう弁護士でないと仲裁できません。そして、そういった国際弁護士の時間報酬は、1時間5-10万円です。1日10時間働いたら100万円になります。

要するに、仲裁には非常にお金がかかります。裁判は国のシステムなので税金でやっていますが、仲裁は1日100万円かかるシニアの弁護士がやっています。このコストは当事者が負担します。

つまり、仲裁では、紛争の当事者が自腹で千万円単位の仲裁人報酬を支払うことになります。これに加えて、代理人弁護士にも千万円単位の弁護士報酬を支払います。ということは、1億円以上の紛争じゃないとペイしないということです。

訴訟と仲裁

紛争解決手段	訴訟	仲裁
専門性	×	○
非公開性	×	○
中立性	×	○
（国際的）執行可能性	×	○
経済的合理性（コスト）	△	×
迅速性	△	○
言語	△（現地語）	○（選択可）

■英語で喧嘩できますか？

実際に喧嘩する必要はありませんが、喧嘩できるぐらいの準備、喧嘩できるぐらいのリーダーシップ、喧嘩できるぐらいの知識を持ってください。

英語で喧嘩をするには、度胸、英語力、そして知識が必要です。例えば、外国人に Get out of here!（出ていけ！）と言える度胸がありますか？また NO とはっきり言い、相手を英語で言い込めることができますか？

これができるようになるには、時間がかかります。でも、皆さんがいますぐに身につけられるのが、「知識」の部分です。**ナレッジイズパワー**と言いますが、拙い英語でも勝てるくらいの、その取引に関する知識を身につけましょう。

交渉相手を凌駕する商品や取引の知識を身につけましょう！ナレッジイズパワーです。

■ “Best” interest の追求

私が行う英語交渉術セミナーのアンケートを取ると、英語はともかく、「中山のプロフェッショナリズム、プロ意識がよくわかった」というアンケート結果を頂くことが多いです。

そこで、私のプロフェッショナリズムに対する考えを少し紹介します。

“Best” interest の追求 ―プロフェッショナリズム

1. 常に「期待値」を上回る
2. 常に「獲得目標」と「Bottom Line」を意識

私は、常に「期待値」を上回ること、そして「獲得目標」と「Bottom Line」（譲れない一線）を意識しています。

例えば、海外出張に行くときは、ビジネスクラスでは航空券が 100 万円もかかったりします。ですので 100 万円以上の結果を出さなきゃと、徹夜で準備したり、必死になります。

私には「良い仕事」「悪い仕事」という価値基準はありません。「Best か（これ以上できない、と思えるぐらいやったか）」「そうでないか」しかありません。「Best」を目指すため、1％でも可能性があれば、あらゆる手段を尽くします。

■「プロフェッショナリズム」とは？

1. 冷静さを失わないこと
2. 相手を「軽蔑」する

もう一つの私のプロフェッショナリズムは、**「冷静さを失わない」**ということです。ビジネスでは感情的にならないかもしれませんが、詐欺師的な交渉相手に対しては、つい、カッとなってしまう、ということがあるかもしれません。

私は感情的になること＝アマチュアだと思っています。感情的になったときには、理性的・合理的な判断ができないからです。プロに徹するなら、どんな相手が来ても常に冷静でいなくてはなりません。

冷静になるコツは、「相手を軽蔑する」ことです。同じ土俵に立たないのです。私はこれを、大学生のときに読んだ本から学びました。

戦前の哲学者の三木清『人生論ノート』（新潮文庫）に、とてもいい一節があります。

「人は軽蔑されたと感じるときに最もよく怒る。だから自信がある人はあまり怒らない」

私はこのフレーズに惚れてしまいました。そこで、生涯をかけて、絶対に怒らない、自分に自信がある男になりたいと思い、人生の修行をしているところです。プロフェッショナリズムの一つとして、ご参考にしてください。

三木清著『人生論ノート』
（新潮文庫）

コラム 7

アメリカ人、中国人と交渉するときのポイントは？

これは、セミナーでよく聞かれる質問です。まず、アメリカについてはアメリカ的な教養は知っておいた方がいいと思います。また、中国との交渉は、英語だけではなく、中国語が入る場合があります。英語で交渉していても、契約に落とすときには中国語か英語か、どちらにするか考える必要があるときがありますので覚えておいてください。

ただ、海外ビジネス全般で、私は「どこの国の人だから」という話はしません。なぜなら、私たちの交渉相手はアメリカ人でイギリス留学、中国人でアメリカ留学していた、などという人はざらにいますので、国民性というのはあまり関係ないと思うからです。

逆説的な回答かもしれませんが、あまり人種で決めないというのが私の信条です。

交渉相手の背景は様々です。人種で交渉のやり方を決めない方が良いでしょう。

■私が書いたお手本メール

最後に、私が書いた英語をご参考に紹介します（次ページ参照）。これは、私が数年前に国際弁護士団体の役員として送ったメールです。

私がこの本でお伝えしたテクニックがいっぱい使われています。まずはパッと見ただけで、どのような内容とボリュームなのかが大体わかるようになっています。

段落を分けてナンバリングし、1で何を書くのかを柱書きで書いてから、1.1と続けます。whereby や given も使用しています。

明解に伝わるように、いくつかの単語を /（スラッシュ）でパラフレーズしています。そして、ポジティブに、クローズドクエスチョンで締めています。

このようなメールが書けるようになれば、交渉や仕事の質とスピードが格段にアップするはずです。

以上、英語というものはどんな言語なのか、そして話し方、書き方、交渉の仕方をお伝えしてきました。

すべては私が日々現場で身につけたものです。「３倍しゃべる」「オプションを提示し、図やナンバリングでわかりやすくする」「事前準備をしっかりする」「クローズドクエスチョンで聞く」「落語のように話す」など、英語のハンデがある私たちが、今日からでも実践できることばかりです。

きっと皆さんの交渉のお役に立つはずです！

Dear IPBA Officers,

1. New Separate Payment System

I heard from senior Japanese members that:

1.1 In the course of the online payment for IPBA Shanghai Annual Conference, the separate payment is required for three dinners – one dinner per USD100 – besides the basic registration fee; and

1.2 In the history of the IPBA, we have never had such cumbersome separate payment system – rather, we have been proud of our simple payment system, unlike IBA (or other lawyers association)'s separate payment.

2. Cons of this New Separate Payment

As far as I know, IPBA Officers have never discussed this separate payment. This separate payment would have the following demerits:

2.1 With this separate payment, what could happen is, some delegates don't join some of the conference dinner - this could harm the purpose of the annual conference **whereby** we enjoy mingling together with many delegates; and

2.2 This separate payment system could also entail an unnecessary financial issue to duly capture / trace / monitor the monies paid.

3. What we should do

I am not sure if we can change the payment system from now. However, I would suggest we should do at least:

3.1 To confirm if the separate payment system above is applied to all candidate delegates for 2020 IPBA Shanghai Annual Conference;

3.2 If above item 1.1 or separate payment system is the case, we Officers would have to discuss whether we maintain / approve this, **given** our historical / conventional simple payment system and Cons in Item 2 above;

3.3 At the same time, we should ask Jack if we can change this separate payment system back to our conventional simple payment system **whereby** we do not ask delegates if they join each dinner; and

3.4 If we Officers decide to maintain this separate payment system or we know we cannot change this separate payment, then we would have to discuss whether we as IPBA should officially announce / make an excuse to members that this time we adopt this new separate payment system (on the ground of certain plausible / reasonable reasons, preferably).

Thank you for your kind attention on this. Please let me know if you think otherwise.

Regards,
Tatsu

memo

付録

現場で役立つ暗唱構文

交渉の現場で役に立つ構文を集めました。暗唱して使ってみましょう！

大学受験レベル

1 She takes all circumstances into account.
（彼女は、すべての状況を考慮に入れる）

2 What we have is one thing and what we are is quite another.
（財産と人格とはまったく別のものだ）

3 I'm staying here for another few weeks.
（もう数週間ここに滞在します）

4 The sentence begins with a capital.
（文章は大文字で始まる）

5 Would you care to go for a walk?
（散歩はいかがですか？）

6 I enjoyed his company.
（彼と同席できて楽しかった）

7 She is always ill at ease in his company.
（彼女は、彼と一緒にいるときには落ち着きがない）

8 He dismissed her on the ground that she is dishonest.
（彼女が不正直であるという理由で、彼は彼女を解雇しました）

9 He is the last man to tell a lie.
（彼は決してうそはつかない人だ）

10 Be it ever so humble, there is no place like home.
（どんなにみすぼらしかろうと我が家にまさる所はない）

11 I was at a loss for words.
（私は言葉に困った）

12 We express our thoughts by means of words.
(人は言葉によって考えを表現する)

13 I don't feel like having breakfast this morning.
(今朝は何も食べる気がしない)

14 I have no objection to your going abroad.
(君が海外に行くことに反対しません)

15 It stands to reason that workers should be paid.
(労働者が給料をもらうのは当然だ)

16 We ran out of sugar.
(砂糖を切らした)

17 She fainted at the sight of blood.
(彼女は血を見て気を失った)

18 Some are good at math and others English.
(数学が上手な人もいれば、英語が上手な人もいる)

19 He came home safe and sound.
(彼は無事に帰ってきた)

20 He is in high spirits.
(彼は上機嫌だ)

21 He is in critical condition.
(彼は危篤だ)

22 At his words he couldn't keep his temper any longer.
(彼の言葉を聞いて彼はもはや怒りを抑えることができなかった)

23 There is some truth in what you say.
(君の言うことには一理がある)

24 It is no use crying over spilt milk.
(覆水盆に返らず)

25 You cannnot have your own way in everything.
(何でも思い通りには行かない)

26 He may well get angry.
(彼が怒るのはもっともだ)

27 No wonder he gets angry.
(彼が怒るのはもっともだ)

28 I must apologize for disturbing you.
(お邪魔して申し訳ありません)

29 We don't appreciate our health until we get sick.
(病気になるまで健康に感謝しない)

30 He is not to blame in any way for the failure.
(彼はその失敗に何の責任も負わない)

31 I can't bear such a rude fellow.
(私はそのような粗野な人に耐えることができません)

32 You must bear my advice in mind.
(私のアドバイスを念頭においてください)

33 I had my luggage borne by the porter.
(荷物をポーターに持ってもらった)

34 I could never bring myself to associate with such a person as that.
(私は、決してそんな人と関わる気になれませんでした)

35 Life is compared to a voyage.
(人生は航海にたとえられる)

36 We cannot cope with the present difficulties.
(私たちは現在の困難に対処できない)

37 The camel of the desert corresponds to the ship of the sea.
(砂漠のラクダは海の船に相当する)

38 He covered twenty miles a day.
(彼は1日で20マイル歩いた)

39 It dawned upon me where I had got lost at first.
(私がどこで最初に道に迷ったかを気付きました)

40 Any book will do as long as it is interesting.
(面白ければどんな本でも結構です)

41 If you come my way, drop in on me.
(お近くにいっらしゃる際は是非お立ち寄りください)

42 What's the use of dwelling on the past?
(過去のことをくよくよしてどうするのですか)

43 It never occurred to me that he might fail his friend.
(彼が友の期待を裏切るだろうとは思いもよらなかった)

44 I'm fed up with this wet weather.
(この悪天候にはうんざりだ)

45 If so, it follows that he was a liar.
(もしそうならば、彼はうそつきだということになる)

46 Once you have formed the habit of smoking, it is not easy to get rid of it.
(いったん喫煙習慣ができたら、それを止めることは容易ではない)

47 The nail that sticks out gets hammered down.
(出る杭は打たれる)

48 He got over the shock of his father's death.
(彼は父の死を乗り越えた)

49 He never gave way to temptation.
(彼は決して誘惑に負けなかった)

50 No one can match him in table tennis.
(卓球では彼にかなうものはいない)

51 Don't smoke more than you can help.
(なるべく喫煙しないように)

52 It can't be helped.
(仕方がない)

53 Hold your tongue. Otherwise, you'll be scolded.
(黙ってください。さもなければ、あなたは叱られます)

54 Mary hung up on Jim the moment she heard his voice.
(メアリーがジムの声を聞いた瞬間、電話を切りました)

55 She identifies wealth with success.
(彼女は富を成功と同一視します)

56 I'm sorry to have kept you waiting so long.
(長らくお待たせして申し訳ありません)

57 A man is known by the company he keeps.
(つき合う友を見れば人柄がわかる)

58 I was caught in a shower and got wet to the skin.
(私は夕立に遭って、ずぶぬれになった)

59 I feel like lying on a sofa.
(私は、ソファーに横になりたい気分です)

60 I want to live up to my family's expectations.
(私は、家族の期待に応えたいです)

61 I was made to go shopping.
(私は、買い物に行かせられました)

62 He was seen to enter the room.
(彼は、部屋に入るのを見られた)

63 It matters little whether he is for the plan or not.
(彼が計画に賛成するかどうかは、ほとんど重要ではない)

64 What do you mean by that?
(どういう意味ですか)

65 I owe what I am to my uncle.
(私があるのは叔父さんのおかげである)

66 This work doesn't pay.
(この仕事は割に合わない)

67 Honesty doesn't always pay.
(正直がいつも割に合うとは限らない)

68 I met him for the first time in five years, so I couldn't recognize him at first.
(5年ぶりに会ったので最初は気づかなかった)

69 We can rely on his coming time.
(彼が時間どおりに来ることをあてにできる)

70 Nothing remains to be told.
(もう言い残すことはありません)

71 Eating too much often results in illness.
(食べ過ぎると病気になる)

72 Illness often results from eating too much.
(食べ過ぎはしばしば病気を引き起こす)

73 Study is necessary, so is practice.
(勉強は必要で、実践も必要である)

74 The rainy season has set in.
(雨季が始まった)

75 You should have done your homework.
(宿題を終わらせるべきなのにしなかった)

76 He cannot have done such a thing.
(彼はそんなことをしたはずがない)

77 Spare the rod and spoil the child.
(可愛い子には旅をさせよ)

78 When in Rome, do as the Romans do.
(郷に入れば郷に従え)

79 There is no satisfying a spoiled child.
(駄駄っ子を満足させることはできない)

80 You are supposed to be back by noon.
(お昼までには戻ってくることになっています)

81 May I trouble you for the sugar?
(すみませんが砂糖を取っていただけませんか)

82 This machine doesn't work.
(この機械は動かない)

83 I would sooner die than consent to the plan.
(そんな計画に同意するくらいなら、死んだほうがましだ)

84 I don't have the slightest idea.
(皆目検討がつきません)

85 Something is wrong with this camera.
(このカメラは何か故障している)

86 There is something wrong with this camera.
(このカメラは何か故障している)

87 Poor as he is, he is honest.
(彼は貧乏だが正直だ)

88 Leave the papers as they are.
(書類はそのままにしてください)

89 As is often the case with him, he was late for school.
(彼にはよくあることだが、学校に遅刻した)

90 As far as I know, he has never been to Japan.
(私の知る限りでは、彼は日本に来たことはありません)

91 As long as you remain idle, you will make no progress.
(怠惰なままでは進歩しない)

92 There is no English for that word.
(それに相当する英語はない)

93 The box is light enough for a child to carry.
(その箱は子供が持てるほど軽い)

94 The best way is for you to make efforts.
(最善の方法は君が努力することである)

95 The cherry flowers were very beautiful against the blue sky.
(桜の花は青空を背景にとても美しかった)

96 He was leaning against the wall.
(彼は壁にもたれていた)

97 There is no mother but loves her children.
(わが子を愛さない母親はいない)

98　Not a day passed but he missed his wife.
(彼が妻のことを寂しく思わない日は一日たりともなかった)

99　He tried hard only to fail.
(彼は一生懸命やったが、失敗に終わった)

100　He grew up to be a great scientist.
(彼は偉大な科学者に成長した)

101　The poor boy was drowned to death.
(可哀想に、その男の子はおぼれ死んだ)

102　You cannot be too careful in choosing your friend.
(友を選ぶときにはどれだけ注意してもしすぎではない)

103　The day will soon come when we can go to the moon.
(月に行ける日も遠くないでしょう)

104　He is not so rich that he can buy the new car.
(彼は、新車を買えるほど裕福でありません)

105　I had my homework done by him.
(私は彼に宿題をやってもらった)

106　I had him do my homework.
(彼に宿題をさせた)

107　I couldn't make myself understood in English.
(私の英語は通じなかった)

108　I don't smoke. Not that I fear lung cancer.
(私は煙草を吸いませんが、肺がんを恐れるというわけではありません)

109　You must not look down upon him because he is poor.
(貧しいからといって彼を見下してはいけない)

110 I love him none the less for his faults.
(彼には欠点がありますが、それでも私は彼が好きです)

111 I gave her what little money I had to help her.
(なけなしの金を全部彼女に与えた)

112 He is not what he used to be.
(彼は昔とは違う)

113 My watch wants repairing.
(時計の修理が必要です)

114 What do you say to going to a dance?
(ダンスに行きませんか？)

115 You'll get used to making speeches in public.
(人前でスピーチをすることには慣れますよ)

116 He is accustomed to being scolded.
(彼は、叱られるのに慣れています)

117 I'm looking forward to doing the sight of Paris.
(パリ観光を楽しみにしている)

118 She is particular about food.
(彼女は食べ物の好みがうるさい)

119 He is delicate by nature.
(彼は、生来、繊細です)

120 Nara is famous for its temples and shrines.
(奈良は寺社で有名だ)

121 He is famous as a great scholar.
(彼は偉大な学者として有名である)

122 I'm satisfied with the result.
(結果に満足している)

123 The result is satisfactory to me.
(その結果は私にとって満足のいくものである)

124 I appreciate your coming all the way.
(はるばるおいでいただき感謝いたします)

125 The train started before I knew it.
(知らないうちに電車は出発しました)

126 They were dancing to music.
(彼らは音楽に合わせて踊っていた)

127 He never drinks without complaining about his son.
(彼は酒を飲むと、息子の愚痴をこぼすのがお決まりだ)

128 Look out for pickpockets.
(スリにご用心)

129 Her absence robbed us of our pleasure.
(彼女が来なかったので、楽しみがなくなってしまった)

130 I was born and bred in Tokyo.
(私は東京生まれ東京育ちです)

131 If it is convenient for you, come and see me next Sunday.
(ご都合が良いなら、来週の日曜にいらっしゃい)

132 They had no alternative but to surrender.
(彼らは降伏するしか途がなかった)

133 They are in want of food.
(彼らは食料不足である)

134 My father left us a large fortune.
(父はわたしたちに莫大な財産を残した)

135 I mean it.
(本気だよ)

136 That depends.
(場合によりけりです)

137 He is ill spoken of by others.
(彼は評判が悪い)

138 The king ordered that the tiger be caught alive.
(王はトラを生け捕りにするよう命じた)

139 Our school was founded 30 years ago.
(わたしたちの学校は 30 年前に設立された)

140 All men are created equal.
(すべての人間は平等に創られている)

141 She was sitting surrounded by the children.
(彼女は子どもたちに囲まれて座っていました)

142 He came home exhausted.
(彼は疲れ果てて帰宅した)

143 Judging from the look of the sky, it will be fine tomorrow.
(空の様子から判断して明日は晴れるだろう)

144 She was hit on the head.
(彼女は頭を殴られた)

145 No doubt he is wrong, but I still like him.
(たしかに彼は間違っていますが、私はまだ彼が好きです)

146 With a little more care, you could have succeeded.
(もう少し注意を払えば、成功したはずだ)

147 Always do what you think is right.
(あなたが正しいと思っていることをいつもやりなさい)

148 I was deceived by the man who I thought was my best friend.
(私は親友だと思っていた男にだまされた)

149 That accident explains why we were late for school.
(その事故のせいで私たちは学校に遅れました)

150 He is a boring man, so I was bored.
(彼は退屈な男性なので、私は退屈しました)

151 Little did I dream that he was killed in the accident.
(彼が事故で死ぬとは夢にも思わなかった)

152 He differs in opinion from her.
(彼の意見は彼女のものとは違う)

153 I have done with my homework.
(私は宿題をすませた)

154 My house lies within easy reach of the station.
(私の家は駅からすぐ近くにあります)

155 At that party, he was laughed at by everyone.
(あのパーティーで彼は皆に笑われました)

156 The window comands a fine view of the lake.
(その窓から、湖のいい景色が見える)

157 He can command several foreign languages.
(彼はいくつかの外国語を扱える)

158 Where there is a will, there is a way.
(成せば成る)

159 The wisest man could not solve the problem.
(最も賢い男でさえ，問題を解決することができないでしょう)

160 My brother came to the airport to see me off.
(兄は飛行場に見送りに来た)

161 Rock-climbing involves many dangers.
(ロッククライミングは多くの危険を伴う)

162 Please refrain from smoking here.
(ここは喫煙を差し控えてください)

163 He took the trouble to help me with my homework.
(彼はわざわざ私の宿題を手伝ってくれた)

164 He is, as it were, a walking dictionary.
(彼はいわば歩く辞書だ)

165 Suppose I gave you 1,000,000 yen, what would you do?
(あなたに100万円を渡したとしたら、あなたは何をしますか?)

166 If such is the case, I won't go.
(そういうことなら、行かない)

167 She is at home in Chinese literature.
(彼女は中国文学に精通している)

168 Ten minutes' walk will bring you to the station.
(徒歩十分で駅に着きます)

169 I wonder what made him decide to be an artist.
(なぜ彼はアーティストになろうと思ったのかしら)

170 All work and no play makes Jack a dull boy.
(よく学びよく遊べ)

171 Her pride will not allow her to marry him.
(彼女が彼と結婚することはプライドが許しません)

172 A previous engagement prevented me from attending the meeting.
(先約があり、会議に出席できなかった)

173 The mere sight of the dog made her run away.
(犬を見ただけで彼女は逃げ出した)

174 There are few, if any, mistakes.
(誤りは、たとえあるとしても少ない)

175 Only on one occasion did he speak to me of his mother.
(彼が母親のことを語ったのは、一度きりだった)

176 Not until then did I realize the value of friendship.
(そのときになって初めて友情の価値に気付いた)

177 Such was his surprise that he couldn't say a single word.
(一言も発することができないほど彼は驚いた)

178 I am not rich, nor do I wish to be.
(私は金持ちではないし、またなりたくもない)

179 What is the use of keeping it secret?
(それを秘密にすることに何の意味があるの?)

180 If the sun were to rise in the west, I wouldn't break the promise.
(たとえ西から太陽が昇ろうとも、約束を破りません)

181 He talks as if he knew everything.
(彼は何でも知ったかぶりをする)

182 If it were not for the sun, we could not live.
(太陽がなければ、私たちは生きていられないだろう)

183 If it had not been for your help, I could not have succeeded.
(君の助けがなければ、成功はできませんでした)

184 A true friend would have otherwise.
(真の友なら、そうはしなかったでしょう)

185 A man of sense would not do such a thing.
(常識のある人ならば，そのようなことは決してしないだろう)

186 You would take him for an American to hear him speak English.
(彼が英語を話すのを聞けば、アメリカ人だと思うでしょう)

187 Seen from a distance, the tree looks like a monster.
(遠くから見ると、木は怪物のように見える)

188 Having seen Naples, Robert was ready to die.
(ナポリを見て、ロバートは死ぬ準備ができた)

189 It being a fine day, I went out for a walk.
(天気のよい日だったので、散歩に出かけた)

190 How can I feel relaxed, with you watching me like that?
(君にそんなふうに見られて、どうしてリラックスできようか)

191 He is rather behind the rest of his class in English.
(彼の英語は、クラスでかなり遅れている)

192 Read newspapers so as not to be behind the times.
(時代遅れにならないように新聞を読みなさい)

193 He missed the train by one minute.
(彼は 1 分の差で電車に乗り遅れた)

194 The policeman caught the thief by the arm.
(警官は泥棒を腕でつかんだ)

195 That leaves nothing to be desired.
(これは最高だ)

196 Again he came up with a new idea.
(また、彼は新しい考えを思いついた)

197　What he says counts for nothing.
（彼の言うことには価値はない）

198　May I humbly suggest we start with this agenda?
（この議題から始めさせていただいてよろしいでしょうか）

199　This plan is subject to the approval of the Japanese Headquarters.
（この計画は、日本本社の承認待ちです）

200　Unless you approve this, we cannot go back to Japan.
（これを認めてくれないと、日本に帰れません）

ビジネスレベル

201　Can I understand that you meant this way?
（こういうことを言いたかったのだと理解してよろしいでしょうか）

202　May I have your name again?
（お名前をもう一度いただけますでしょうか）

203　Could you elaborate more?
（もう少し具体的におっしゃっていただけませんでしょうか）

204　Let's confirm where we are.
（まず、私たちが何を話しているか確認しましょう）

205　In the meantime, let's leave this matter pending.
（当面、この問題は先送りにしましょう）

206　Given this, we can assume that we can go ahead.
（これを踏まえると、進行させて良さそうですね）

207　If I recall well, we already covered the issue before.
（たしか、その問題は以前触れました）

208　We are not sure to what extent this is viable.
（どの程度これが実行できそうか、分かりません）

覚えた構文は
実際の会話の中で
どんどん使って
みましょう！

memo

あとがき

最後までお読みいいただき、ありがとうございました。

翻訳ソフト・ＡＩ・Chat GPT などが発達すれば、英語を学ぶ必要がなくなるのでは？ などと問題提起されることがあります。しかし、どんなにＡＩが発達しても、英語を学ぶ重要性は落ちません。

なぜなら、翻訳ソフトを通じて伝わるのは、言葉の中身・テキストの部分（いわゆる形式知）だけだからです。情感・勢い・気持ち・スピード感など（いわゆる暗黙知）は、翻訳ソフトを通じては伝わりません。

ちょっとした立ち話程度であれば、翻訳ソフトを通じれば事足りるかもしれません。しかし、すべての会話を翻訳ソフトを通じて行う場合、外国人と友人になれるでしょうか。何かをコミュニケーションするのに、いちいち翻訳ソフトを通じた会話をしなければならない人と、ほんとうの親友になれるでしょうか。微妙なギャグや、細かいニュアンスを感じ取れず、感情を遮断するような機械を通じて、「活きた」コミュニケーションができるでしょうか。

百歩譲って通訳や翻訳ソフトを通じて信頼関係が築けるとしても、直接、生の言葉で話し合えるＡさんと、翻訳ソフトを通じてしか会話できないＢさんを比べた場合、どうしても、話しやすいＡさんを友人として選ぶのではないでしょうか。このように、翻訳ソフトには限界があります。

また、英語を学べば、海外の文化を知ることができたり、外から日本や日本語を学んだりすることもできます。

グローバル化が進み、世界の80億人が英語でコミュニケーションをする世界になっているのに、翻訳ソフトの発達に期待して英語学習を諦めるのは全くおすすめできません。

日本の国際競争力は、年々低下しています。円安が進んでいるのも、日本の国際競争力が低下しているからです。その大きな理由の一つが、日本人の英語力が低いことにあります。

多くの日本人の方に、英語が得意になってほしい。そして日本の国際競争力を高めたい。そんな思いで、この本を書きました。ビジネスの最前線で、多くの国の交渉相手と英語を使ってきたからこそ、気づいたことを書きました。

シンプルにまとめます。お伝えしたかったのは、端的には、「英語を軽蔑すること」です。

文法を間違えるのは、皆さんが悪いのではありません。英語が悪いんです。英語の、共通語としての機能が間違っているからです。ですから、文法的な完璧を常に目指さない。伝えたいことが伝わればいい！

たくさんの英語を話す機会（exposure）をもって、「3倍」

喋って、加点法でしゃべりまくりましょう。

具体的には、しゃべる際には、

①大きな声で！ ②ゆっくり！ ③はっきり！　話すこと。

そして、英語を学習する際には、とにかく音読すること！読むだけ、聴くだけではなく、自分の口で発声してください。

いろいろ書きましたが、いちばん大事なのは、以上のとおり、「間違ってもいいから、大きく、ゆっくり、はっきり話す」です。これがこの本のエッセンスです。

慣れるには時間がかかります。経験が必要です。失敗を重ね、恥ずかしい思いをしても、「誰もが通る道」だと開き直ってください。

この本に書いたことを実践していただければ、皆さんの英語力と交渉力は、飛躍的に上がります。私が保証します。もし上がらなければ、私に損害賠償請求してください (笑)。

たくさんしゃべって、いい交渉をして、「日本人ここにあり」と思わせ、日本人の株を上げましょう！

2024年1月
中山国際法律事務所 代表弁護士
中山　達樹

平成出版 について

本書を発行した平成出版は、基本的な出版ポリシーとして、自分の主張を知ってもらいたい人々、世の中の新しい動きに注目する人々、起業家や新ジャンルに挑戦する経営者、専門家、クリエイターの皆さまの味方でありたいと願っています。
代表・須田早は、あらゆる出版に関する職務（編集、営業、広告、総務、財務、印刷管理、経営、ライター、フリー編集者、カメラマン、プロデューサーなど）を 経験してきました。そして、従来の出版の殻を打ち破ることが、未来の日本の繁栄 につながると信じています。
志のある人を、広く世の中に知らしめるように、商業出版として新しい出版方式を実践しつつ「読者が求める本」を提供していきます。出版について、知りたい事やわからない事がありましたら、お気軽にメールをお寄せください。

book@syuppan.jp 平成出版 編集部一同

ISBN978-4-434-33543-3 C0082

交渉のプロ・国際弁護士が教える
実践・英語交渉術

令和6年（2024）2月14日 第1刷発行

著　者　**中山　達樹**（なかやま・たつき）

発行人　須田早

発　行　**平成出版**G株式会社

〒104-0061 東京都中央区銀座7丁目13番5号
ＮＲＥＧ銀座ビル1階
経営サポート部／東京都港区赤坂8丁目
TEL 03-3408-8300　FAX 03-3746-1588
平成出版ホームページ https://syuppan.jp
メール : book@syuppan.jp

発　売　株式会社 星雲社（共同出版社・流通責任出版社）
〒112-0005 東京都文京区水道1-3-30
TEL 03-3868-3275　FAX 03-3868-6588

編集協力／安田京祐、大井恵次
本文イラスト／イラストAC
制作協力・本文DTP／Pデザイン・オフィス
Print／DOza